나의 오래된 연인

문학 속의 신앙 이야기

나의 오래된 연인

문학 속의 신앙 이야기

글 김은정
그림 쥬리아나 수녀

불휘미디어

목차

겨울 — 고통 속에서 찾는 응답

주님이 보내신 선물 · 14
· 전영택의 「크리스마스 전야의 풍경」

참혹한 이 잔을 거두어 주십시오 · 18
· 김동인의 「이 잔을」

인간을 위한 순교 · 22
· 김은국의 「순교자」

유다의 죄, 고뇌, 구원 · 26
· 박상륭의 「아겔다마」

고통 속에서 찾는 응답 · 31
· 박완서의 「한 말씀만 하소서」

정의와 양심, 그리고 진리를 위해 싸운 바비도 · 36
· 김성한의 「바비도」

권력에 맞서는 우리들의 자화상 · 40
· 이승우의 「에리직톤의 초상」

우리들 속의 '사제' · 45
· 현길언의 「사제와 제물」

두 개의 십자가 · 51
· 김동리의 「사반의 십자가」

어떻게 용서할 것인가 · 56
· 이청준의 「벌레 이야기」

들어가며 · 8

나의
오래된
연인

봄 — 마음의 태양을 따라가는 길

무엇이 신앙인가 • 62
· 최인훈의 「라울전」

부활의 봄 • 67
· 김동리의 「부활」

일상의 기적은 어디 있을까 • 72
· 송상옥의 「흑색 그리스도」

마음의 태양을 따라가는 길 • 76
· 김의정의 「목소리」

강박적 신앙에서 잃어버린 것 • 81
· 이범선의 「피해자」

신앙의 길은 어디에? • 86
· 송우혜의 「고양이는 부르지 않을 때 온다」

천주님은 크신 분 • 91
· 최은영의 「밝은 밤」

신앙의 유랑민 • 96
· 황순원의 「움직이는 성」

당신의 손길은 어디에? • 101
· 정찬의 「종이 날개」

뜨겁거나 혹은 따뜻한… • 106
· 김원일의 「믿음의 충돌」

여름

우리들의 그림자

우리들의 그림자 ·112
· 김영하의 「그림자를 판 사나이」

아버지이지만 아버지가 아닌 인간의 고뇌 ·117
· 김동리의 「목공 요셉」

영원한 청년의 맑은 마음 ·122
· 윤동주의 「십자가」

고독한 영광 ·127
· 김동리의 「마리아의 회태」

주의 평화가 그대와 함께 ·132
· 한무숙의 「생인손」

지혜로서 기름 부은 자 ·136
· 이문열의 「사람의 아들」

못의 시대, 부드러움으로 맞선다 ·141
· 이승우의 「못」

인간의 최선, 신의 최선 ·146
· 이승우의 「허기와 탐식」

도마야, 나는 아직 너를 도마라고 부른다 ·151
· 김훈의 「하얼빈」

가을

사랑은 공평하다

낮은 데를 비추는 빛 · 156
· 이청준의 「낮은 데로 임하소서」

사랑이 만드는 세상 · 161
· 박완서의 「옳고도 아름다운 당신」과 법정 스님의 「설해목」

사랑이 머무는 곳 · 166
· 김원일의 「마음의 감옥」

이 가을, 무엇을 할 것인가 · 171
· 김현승의 「가을의 기도」

이삭이 전하는 사랑 이야기 · 175
· 이승우의 「사랑이 한 일」

누군가를 바라보기 · 180
· 공지영의 「열쇠」

사랑은 공평하다 · 184
· 이승우의 「마음의 부력」

저만치 혼자서 피는 삶 · 189
· 김훈의 「저만치 혼자서」

우리 곁의 하느님 · 194
· 권정생의 「오두막 할머니」

> 모든 의지와 욕망의 밑바탕에는 사랑이 있다.
>
> - 토마스 아퀴나스

한참 '쉬는 교우'로 있을 때였다. 교구청 미디어국 신부님께 전화 한 통을 받았다. 순간, 피식 웃음이 났다. 주님 당신은 또 이렇게 나를 불러주시는군요.

신부님의 말씀은 주보에 글을 연재해 달라는 것이었다. 아예 연재할 글의 콘셉트까지 정해 놓고 계셨다. 교우들이 읽으면서 신앙생활도 돌아보고, 문학 작품 한 편씩 덤으로 얻게 되는 글. 처음엔 쉬울 거라 생각했다. 신앙을 다루는 문학 작품은 많고, 그걸 소개하는 건 어렵지 않을 것 같았으니까. 하지만 신부님의 마지막 한마디가 명치에 걸려 연재 내내 힘들었다. 글 속에서 나의 신앙도 돌아보게 된다면 더 좋을 것 같다는. 글을 쓸 때마다 '내 신앙의 깊이'에 대한 의문에 마음이 무거웠고, 작품을 고르는 일도 점차 힘들어졌다.

이렇게 부족한 마음에서 쓴 글이면서도, 3년 연재를 마치고 책으로 묶을 용기를 낸 것은 '글 참 잘 읽고 있다'는 주위의 성원(?) 덕분이다. 글에서 소개한 소설을 꼬박꼬박 찾아 읽는다는 분, 우리 문학에 이렇게 다양한 신앙 이야기가 있는지 처음 알았다는 분, 그리고 나의 글을 참 좋아하시는 연로한 우리 엄마. '성원에 보답한다'는 멘트는 식상하지만, 이것이 책을 묶는 나의 솔직한 심정이다.

장의 순서는 겨울, 봄, 여름, 가을 순으로 구성하였다. 겨울에서 시작한 것은 '성탄'을 출발점으로 하고 싶어서였다. 어쩌면 사계절의 순서가 꼭 봄부터일 필요는 없지 않을까, 겨울을 지나 봄을 맞이하는 것이 더 아름답지 않을까 하는 생각도 있었다.

겨울 편에는 고통과 용서의 이야기가 많다. 특히 순교, 그리고 죄와 벌, 용서의 이야기를 통해 신앙의 참된 의미를 묻고자 하였다.

봄 편에는 신앙의 의미에 대한 진지한 고민을 다룬 작품들이 많다. 신앙이란 무엇인가 하는 질문을 던지는 작품들을 통해서 다양한 신앙의 모습을 생각해 보고 싶었다.

여름 편은 신앙인, 혹은 성인이라 하더라도 그들이 지닌 인간적인 모습과 번뇌를 다루고 있는 작품들로 묶었다. 가장 인간적인 이런 모습이 우리의 그림자이기도 하지만 이 또한 신앙의 모습이라는 이야기를 하고자 하였다.

가을 편에는 '사랑'에 관한 이야기가 많다. 신앙이라는 것이 어쩌면 어떻게 사랑할 것인지 하는 문제가 아닐까. 이 장에는 그런 마음을 담았다.

대상과 역사가 다른 학문의 무게를 서로 견줄 수는 없지만, 그래도 흔히 철학과 신학을 무거운 학문으로 꼽는다. 인간의 존재에 대하여 끝없는 질문이 이어지는 철학, 그리고 그 대답이 채 끝나기도 전에 신에 대하여 묻는 신학. 그래서 두 학문은 참 깊고 무겁다.

그에 비해 문학은 조금은 가볍게 접근할 수 있는 분야이다. 인간의 상상력으로 만들어 가고, 그 상상력 속에 '재미'의 요소까지 있으니 말이다. 도저히 먹을 수 없는 쓴 약을 달콤한 캡슐 속에 넣어서 꿀꺽 삼키게 한다는 오래된 문학 이론처럼, 우리는 문학을 통해 신앙의 의미를 자연스레 몸 안에 받아들일 수 있다. 이 책의 글들도 그렇게 가벼움 속에 진지함을 담고자 하였다.

오래된 연인이 있다. 사랑한다는 말을 하지 않아도 얼마나 사랑하는지, 그 사랑이 얼마나 충만한지 서로가 너무나 잘 안다. 한 편 한 편 글을 연재하면서, 나와 주님의 관계도 바로 그 오래된 연인 같다는 생각을 했다. 내가 그를, 그가 나를 얼마나 사랑하는지를 서로 충분히 알고 있는…. 우리 모두 그 사랑 속에서 행복하기를 바라는 마음을 이 책의 제목에 담았다.

"평화를 빕니다."
마음에 근심이 많을 때 누군가가 나에게 전하는 평화의 인사는 큰 위로가 된다. 내가 전하는 평화의 인사도 누군가에게 닿아 그 마음이 가벼워지기를, 마음의 근심이 조금은 가시기를 진심으로 바라며 나는 이 책으로 평화의 인사를 드린다.

이 책은 트라피스트 수도원 쥬리아나 수녀님의 정성스러운 삽화로 비로소 아름다워질 수 있었다. 고령의 수녀님은 손끝에 힘을 모아 한 획, 한 획 그림을 그려 주셨다. 하느님께 선물을 드리는 마음이셨을 것이다. 수녀님께, 그리고 그 소중한 인연을 만들어 주신 불휘출판사의 김리아 대표님께 진심으로 감사드린다.

2024년 1월
퇴촌의 느티나무 아래에서
김은정 엘리사벳

겨울

고통 속에서 찾는 응답

주님이 보내신 선물

– 전영택의 「크리스마스 전야의 풍경」

나의
오래된
연인

「화수분」으로 잘 알려진 전영택의 작품 중 「크리스마스 전야의 풍경」이라는 단편이 있다. 작가가 1960년도에 쓴 작품으로 그 내용은 이렇다.

주인공인 백인수 대위는 군대에서 군목 생활을 하다가 막 제대한 인물이다. 그는 성품이 곧고 솔직한 대신 사교성이 부족해 사람들과 잘 어울리지 못한다. 특히 그는 속물적인 사람이나 사이비 신앙인을 잘 참아내지 못한다.

제대한 그즈음에 마침 그는 부유한 누이의 집 크리스마스 파티에 초대받아 가게 되었다. 거기에서 그는 환멸감만 느끼고 파티장을 빠져나온다. 가난한 사람에게는 조금의 관심도 갖지 않으면서 저희들끼리 맛있는 음식을 먹으며 성탄 전야를 즐기는 모습이 싫었기 때문이다.

누이의 집에서 나온 그는 근처의 방공호를 찾아간다. 그곳에는 가난한 할아버지와 꼬마가 살고 있었다. 불현듯 그는 이 불쌍한 꼬마에게 크리스마스의 즐거움을 선물하고 싶어져서, 아이를 데리고 다시 파티장으로 간다. 그가 산타 분장을 하고서 주님의 선물이라며 흰 보자기 속에서 꼬마를 내어놓자 체면상 누이 부부는 어쩔 수 없이 돈과 먹을 것을 싸 주는 선심을 베푼다.

크리스마스 파티가 끝나고 손님들도 다 돌아간 밤, 이 집의 어린 딸 애경이는 밖에서 자꾸 누가 자기를 부른다고 말한다. 그러나 어른들은 아무도 그 말에 귀를 기울이지 않는다.

그리고 크리스마스 날 새벽, 그들은 대문 밖 담모퉁이에 눈에 덮인 채 얼어죽은 작은 주검을 발견하게 된다. 바로 전날 밤 주님의 선물로 찾아왔던 그 꼬마였다. 무관심 속에 돌려보낸 아이가 그 집을 떠나지 못한 채 추위 속에서 숨을 거두고 만 것이다.

> 이 선물은 내가 가져왔다기보다는 주님 예수께서 보내신 것이다. 아니 주님이 친히 오신 것이다. 지극히 작은 아이 하나를 돌아보지 아니한 것은 나를 돌아보지 아니한 것이요, 지극히 작은 아이를 대접하는 것은 나를 대접한 것이라 하신 말씀을 기억하라.

이것은 크리스마스 파티장에 왔던 주인공 백 대위의 말

이다. 이 목소리는 방공호에서 차가운 성탄을 보내는 불쌍한 아이를 돌아보라고 한다. 작가가 백 대위의 입을 빌려 전하는 예수님의 말씀이다. 예수님은 따뜻한 저택의 파티장이 아니라, 춥고 어두운 방공호의 찬 바닥에 머물러 계셨을 것이다.

오늘날에는 1960년대와 비교할 수 없을 만큼 물질적 풍요가 넘쳐흐른다. 그러나 여전히 그 풍요로움에서 소외된 이웃이 많다. 이웃과 함께 성탄의 기쁨을 나누자는 말은 식상한 말일지 모른다. 그 식상함만큼이나 우리는 스스로 그 '의무'를 다했다고 쉽게 믿어 버리기도 한다.

하지만 '지극히 작은 아이 하나를 돌아보지 아니한 것은 나를 돌아보지 아니한 것이요, 지극히 작은 아이를 대접하는 것은 나를 대접한 것이다'라는 말씀의 무게는 가볍지 않다. 아이에게 돈과 과자를 들려보냈다고 해서 진정으로 그를 '대접'한 것은 아닌 것이다.

참혹한 이 잔을 거두어 주십시오

– 김동인의 「이 잔을」

나의
오래된
연인

김동인의 「이 잔을」은 1923년 1월에 발표한 작품이다. 거의 100년 전의 작가 김동인이 예수의 마지막 날을 재구성한 이 작품을 통해 무엇을 이야기하고 싶었는지 보는 것도 재미있는 일이다.

이 작품에서 예루살렘의 예수는 삶과 죽음의 고비에서 결단을 내려야 할 순간에 처해 있다. 작품에는 예수가 그 결단의 순간에 보여주는 인간적인 감정들이 잘 드러나 있다. 소설적인 상상력을 가미하여 재구성한 예수의 일대기는 그가 자신에게 처한 '죽음의 이 잔'을 거두어 달라고 하느님께 올리는 처음 기도에서 잘 나타난다.

그는 온갖 핍박과 곤란을 무릅쓰고 하느님의 뜻을 펼쳤으며, 능히 얻을 수 있는 온갖 영광에도 눈을 돌리지 않았는데, 그 마지막에 자신의 죽음까지를 요구하는 하느님에 대해 '야속함'을 느낀다고, 그리고 정말 할 수만 있다면 '이 참혹한 잔'을 거두어 달라고 기도한다.

3년 동안 행했던 모든 활동들을 추억처럼 떠올릴 때나 죽음을 앞두고 올리는 그의 기도는 가장 인간적인 모습의 예수를 형상화하고 있다고 할 수 있다.

그러나 작품의 마지막에 그가 내리는 결단은 인간적인 모습을 중심에 둔 신적인 희생의 결단이다.

> 산제사를 요구하는 자들에게는 제물이 있어야 한다. 언젠가 너희들에게 이야기했지, 너희는 세상의 빛이 되라고. 내가 빛이 되고 종소리가 되기 위해서는 내가 십자가로 가야겠다. 내 한목숨을 바쳐서, 시방, 장래 할 것 없이 몇 억만 사람이 구원된다 생각하면 아주 싸고 쉬운 것이다. 오히려 기뻐할 일이 아니냐?

이렇게 신적인 영역에서 이루어진 결단을 통해 그는 희생을 요구하는 민중들에게 스스로 희생당함으로써 하느님의 높은 뜻을 보여주는 이야기의 주인공이 되고 있다.

이 작품에서 계속되는 잠과 깨임의 되풀이는 암시적 의미를 지니고 있다. 제사장들을 피하고 있는 상황에서 그야말로 불침번을 서야 한다는 상황 자체만을 볼 때, '깨어 있어라'는 의미는 액면 그대로 잠들지 말라는 뜻이다. 그러나

이 작품과 우리가 잘 아는 성서의 '깨어 있음'은 민중을 깨임에로 이끌기 위한 예수의 결단을 보여주는 것이다. 그리고 이 결단은 횃불을 들고 어둠 속에서 음모를 꾸미며, 예수를 죽이려고 뒤따르는 제사장들의 행동에 의해 더욱 선명해진다.

> 자? 잘 때가 아니다. 모든 사람이 다 자더라도 너희는 자서는 안 된다. 모든 괴로움을 무릅쓰고도, 깊이깊이 잠든 사람들을 깨우지 않으면 안 되는 것이 너희의 직책이다. 잊어서는 안 된다.

2천 년 전에 예수가 우리에게 했던 이 말이, 100년 전의 한국의 작가 김동인의 작품으로 이어지고, 오늘날 풍요로운 물질의 시대를 사는 우리에게 새로운 의미로 다가온다. 나는 어떻게 깨어 있을 것인가.

인간을 위한 순교

– 김은국의 「순교자」

나의
오래된
연인

「순교자」는 재미 작가 김은국의 대표작으로 애초 영어로 발표되었다가 이후에 한국어로 번역된 특이한 이력을 지닌 작품이다. 6·25 전쟁 중 평양을 배경으로 한 비극적 사건을 통해 신앙의 문제를 생생하게 그려낸다.

한국 전쟁 중 '나' 이 대위는 한 목사와 신 목사라는 사람을 조사하라는 장 대령의 지시를 받는다. 그들은 전쟁 초기 있었던 북한군의 목사 학살 사건에서 14인의 목사 중 살아남은 두 사람이다. 나는 그 사건의 진실을 알아내기 위해 두 목사를 찾아가지만 한 목사는 미쳐 있고 신 목사는 끝내 침묵할 뿐이다.

그러던 중 학살 사건에 연루된 북한군 소좌를 체포하게 된다. 그로부터 알게 된 진실은 충격적인 것이었다. 목사들의 대부분이 서로 배신하고 살려 달라고 개처럼 빌빌댔으며 하느님의 이름을 모욕하여 죽어 갔다는 것이다. 그리고 마지막 순간 상황이 바뀌어 두 목사는 살아 남았다는 것이다.

장 대령은 그 진실을 외면하고자 한다. 북한군의 만행을 선전하기 위해서 12명의 목사는 영광스러운 순교자가 되어야 하기 때문이다. 그리고 이 진실을 두고 인물들의 생각이 얽히며 작품은 참된 신앙의 의미를 묻기 시작한다.

처형된 목사 중 박 목사가 있었다. 그는 나의 친구인 박 대위의 아버지이다. 박 목사는 아들의 표현을 빌리자면 하늘의 세계만 바라보는 '광신도'였다. 그런 아버지와 교감하지 못하였던 박 대위는 나에게 말한다. "내가 알고 싶은 건 하나뿐이야. 죽음을 앞둔 그 최후의 순간에 그가 결국 나하고 나누어 가질 만한 어떤 공통된 그 무엇을 보여주었느냐 하는 것 말일세."

마지막 순간 참혹한 인간 세계를 목격한 박 목사는 처형의 순간 "난 기도할 수 없어!"라며 기도를 거부하고 만다. 고통 속에 인간을 버려두는 신을 이해할 수 없었기 때문이다.

> 성중에는 죽어가는 자들이 신음하며 다친 자가 부르짖으나 하나님은 그들의 기도를 듣지 아니하시느니라. -「욥기」 24장 12절

어느 날 신 목사는 교회에 나타난다. 그는 군중 앞에서 스스로 배신자라 고백하며 12명의 목사들이 회유를 거부

하고 신앙을 지키며 죽어 갔다고 증언한다. 그러자 군중들은 '순교자'들을 찬양하며 기쁨의 눈물을 흘린다.

그는 거짓말을 한 것이다. 애초에 그는 목사들의 죽음을 고른다고 거짓말을 하였고, 이번에는 그들의 죽음을 거짓으로 꾸며낸 것이다. 종교의 위엄을 위해서도 아니고 장 대령처럼 북한군의 만행을 선전하기 위해서도 아니다. 오직 고통받고 지친 대중들에게 위안이 필요했기 때문이다. 그들의 마음을 어루만져 줄 수 있다면 기꺼이 죄의 십자가를 지기로 한 것이다.

> 날 좀 도와주시오. 불쌍한 내 교인들, 전쟁과 굶주림과 추위와 질병, 그리고 삶의 피곤에 시달리는 이들을 내가 사랑할 수 있게 도와주시오.

아름다운 죄라는 역설적인 말이 있다. 신 목사가 그랬다. 고통받는 타인을 위해 스스로 죄에 몸을 던지는 것, 그것은 또 다른 의미의 고귀한 순교가 아닐까.

유다의 죄, 고뇌, 구원

– 박상륭의 「아겔다마」

나의
오래된
연인

가롯 유다는 은 삼십 세겔을 받고 예수를 팔아넘겼다. 이후 그는 어떤 심정이었을까. 박상륭의 「아겔마다」는 예수의 죽음 후 그가 집에 돌아와 죽기까지의 시간을 다룬 짧은 작품이다. 종교적 소설이기도 하지만 읽는 이에 따라 해석이 다양할 수도 있다.

아겔다마는 '피밭'이라는 뜻이다. 시체 태우는 연기가 가득한 이 도의 땅에서 유다는 어떻게 살고 고뇌하고 죽었을까. 그저 마땅히 죽어야 할 '죄인'이라고 치부할 수도 있겠지만 작가는 '그'를 통해 '우리'를 이야기하고자 한다.

유다도 우리와 다를 바 없는 한 인간이다. 예정된 것이었다고 해도 밀고와 예수의 죽음은 그가 감당하기에는 너무나 버거운 일이었다. 예수가 죽은 후 집에 돌아온 유다는 광기에 빠진 듯 자신을 친자식처럼 돌보아주던 노파를 잔인하게 겁탈한다. 골고다 언덕에서 막달라 마리아 _{따스하고 물큰하면서도 범할 수 없는 고요함을 지닌}에게 느꼈던 욕정 때문이다.

유다는 '지상적'인 인물로서 푸른 눈의 예수에게 위로를 얻으면서도 현실적인 혁명가 바라바에게 더 끌리기도 한다. 오른쪽 눈과 달리 왼쪽 눈은 위를 쳐다보는 듯한 사시로서 그는 현실과 초월의 세계 사이에서 갈등하는 존재이며, 그러면서 욕정에 굴복하듯이 지상의 현실에 치우쳐 있기도 하다. 그래서 그는 신이 지향하는 구원의 세계를 이해하지 못한다.

눈앞에는 하늘보다도 넓게 보이는 두 개의 파란 눈이 유다를 지켜보고 있었다. 웃음도 없고 다정스럽지도 않고, 그렇다고 미워하는 눈도 아닌, — 의미가 바래버리고 빛이 없는 눈이었다. 그 눈 속에서는 아무리 훌륭한 포도주 담그는 사람이라고 해도 한 방울의 즙도 짜낼 수 없는 듯했다. 그 눈 속엔 무無가 있었고, 휴지休止가 있었고, 그리고 그것은 불멸 그 자체이기도 했다. 그러나 유다는 그런 눈을 원하진 않았다. 증오든, 사랑이든, 그 어느 쪽의 의미를 담은 눈을 원했다. 유다로서는 그 눈을 견딜 수가 없었다. 유다는 다시 한번 패배했다.

그는 예수에게 끝없이 항변한다. 이미 나는 당신을 팔

아둡긴 죄에 빠졌는데 "무엇을 나에게서 더 원하십니까"라고 다지고 또 따진다. 그때마다 예수의 답은 한 가지이다. 서른 세겔의 은은 당신의 것이니까 받아가야 한다고.

이것은 십자가를 짊어지듯 대신 죄를 짊어지는 구원이다. 이렇게 혼몽 속에서 예수에게 대들고, 원망하고, 울고, 항변하던 유다는 마침내 지상을 떠나 구원의 세계로 넘어간다. "랍비여, 진정으로 원하신다면, 삼십 세겔의 은을 거두어 주십쇼"라고 말하면서…….

> 참으로 견디기 힘든 지옥이었어. 그래도 나는 회피하지는 않았었던 것 같다. 단념도 하지 않았어…… 나는 이제 비방을 받아도 좋고 욕지거리를 받아도 좋다는 생각이 든다. 이젠 나의 지옥도 끝이 났을 거야. 나는 지금 물밀 듯한 행복 속에 누워 있는 것 같다.

이 작품을 읽는 법은 독자마다 다를 것이다. 유다의 단죄 이야기일 수도, 한없이 자애로운 예수의 사랑 이야기일 수도 있다. 또는 우리 삶의 이야기로 읽을 수도 있을 것이다. 우리 마음에도 아겔다마는 있다. 나약하지만 한 인간으로서 마음속의 '예수'와 끝없이 논쟁하고 울고 매달리며 고뇌한다면, 그렇게 구원과 승리를 길을 찾고자 애쓴다면 그 자체로서 고귀한 행위일 것이다.

고통 속에서 찾는 응답

– 박완서의 「한 말씀만 하소서」

26살. 앞날이 창창하던 아들이 갑자기 사고로 죽었다. 귀하디 귀한 외아들이자 엄마의 자랑이던 아들이었다. 박완서의 「한 말씀만 하소서」는 작가가 통곡으로 써 내려간 일기 형식의 글이다.

그 당시 박완서는 '자식 삼켜먹은 에미'라는 등뒤의 수군거림이 들리는 듯하여 사람들의 조의도, 방문도 전혀 위로가 되지 않았고, 자식을 잡아먹고도 살겠다고 음식을 먹는 자신이 모멸스러워 먹는 대로 다 토해낼 정도로 극한의 고통 속에 있었다고 고백한다.

우리는 고통에서 벗어나게 해 달라고 신에게 기도한다. 그러나 '자식의 죽음'을 앞에 놓고도 그러한 기도가 나올까?

> 그래, 나는 주님과 한번 맞붙어보려고 이곳에 이끌렸고, 혼자 돼보기를 갈망했던 것이다. 주님, 당신은 과연 계신지, 계시다면 내 아들은 왜 죽어야 했는지, 내가 이렇게까지 고통받아야 하는 건 도대체 무슨 영문인지, 더도 말고 덜도 말고 한 말씀만 해보라고 애걸하리라.

어머니 박완서의 상태가 위급하다고 판단한 딸은 부산에 있는 자기 집으로 어머니를 모시고 온다. 딸 집에 기거하는 동안 박완서는 마음놓고 울지 못하는 고통에 시달린다. 작가는 온전한 자기만의 시간, 그래서 마음놓고 몸부림치며 짐승같은 울음을 내지를 수 있는 공간이 절실했다. 그래서 오랜 지인인 이해인 수녀의 제안으로 부산 분도 수녀원이 머물게 된다.

작가가 수녀원에 머물기로 결심한 이유는 '참척'의 고통에서 벗어나거나 괴로운 마음을 추스르기 위해서가 아니다. 왜 자신에게 이런 고통을 주는지, 그에 대한 하느님의 해명을 듣고 싶어서다. 말하자면 하느님께 따지기 위해서다.

기도 중에 하느님의 한 마디 말씀이 기적처럼 들려오고, 그 기적의 말씀으로 모든 고통이 사라졌다는 이야기도 종종 있다. 그러나 그런 신비 체험이 누구에게나 일어나는 것도 아니며, 극한의 고통 상태에서 '한 말씀'의 치유 능력을 기대하고 기도에만 매달리기엔 내 고통이 너무나 크기도 하다. 그래서 작가가 하는 기도는 왜 이런 큰 고통을 주는지 답해 달라는 것, 나아가 내가 이렇게 기도할테니 '더 이상' 남은 가족에게는 해코지하지 마시라고, 그렇게 하느님과의 거래를 제안하는 것이었다. 가장 인간적이면서 서글픈 거래, 그게 극한의 고통 속에 있었던 당시의 작가가 할 수 있는 유일한 기도였다.

'왜 나에게 이런 고통을 주시나'에 대한 응답, 그토록 원하던 하느님의 '한 말씀'은 너무나 의외의 순간에 들려 온다. 자신이 수녀원에 들어오기 전 일화라면서 한 어린 수녀님이 이야기하는, 정말 사소한 한 경험담에서 작가는 주님의 '한 말씀'을 듣는다.

수녀님 집에서는 그 남동생이 어찌나 고약하게 구는지 하루도 집안이 편할 날이 없었다고 한다. 수녀님은 '왜 하필 내 동생이 저래야 되나?' 하며 비관도 하고 원망도 하다가, 어느 날 문득 '세상엔 속 썩이는 젊은이가 얼마든지 있다. 내 동생이라고 해서 그래서 안 되란 법이 어디 있나?'라고 생각을 고쳐먹었고, 그 사실을 받아들이니 한결 마음이 가벼워지고 동생과의 관계도 호전되더라는 것이었다.

작가는 '왜 내 동생이 저래야 되나?'와 '왜 내 동생이라고 저러면 안 되나?'라는 생각이 간발의 차이 같지만 실은 사고의 대전환이라는 것을 깨닫는다. '주님은 왜 하필 나에게 이런 고통을 주시나?'라고 원망할 게 아니라 '왜 나라고 이런 고통을 받지 말라는 법은 없잖아.'라고 바꾸어 생각하면 될 일이다. '내가 뭐관대…'라면서 나의 오만한 마음을 내려놓으면 된다. 이것이 바로 작가로 하여금 그 크나큰 고통에서 조금씩 빠져나올 수 있게 한 '한 말씀'이었다.

주여 저에게 다시 이 세상을 사랑할 수 있는 능력을 주셔서 감사합니다. 그러나 주여, 너무 집착하게는 마옵소서.

박완서의 마지막 기도는 다시 세상을 향한 사랑으로 돌아온다. 그리고 작가는 세상을 사랑하는 마음으로 가득한 보석같은 작품들을 남겼다. 이 시대의 아름다운 작가 박완서를 우리가 다시 만날 수 있게 된 것도 바로 작가가 그토록 갈구한 주님의 '한 말씀' 덕분일 것이다.

정의와 양심,
그리고 진리를 위해 싸운 바비도

– 김성한의 「바비도」

나의
오래된
연인

지금 앞에 놓인 성경이 한글이 아니라면? 아마 대부분 독자는 읽지 못할 것이다. 그런데 성경은 오랫동안 라틴어가 원칙이었으며 다른 언어로 번역되는 것이 금지되었다. 15세기 영국도 마찬가지였다. 1382년에 위클리프의 영어 번역본이 나와 있었지만 이 복음서를 읽다가 들키면 사형에 처해졌다.

당시 한 재봉 직공이 이러한 교회의 횡포에 대항하다가 처형당했다. 김성한의 「바비도」는 이 먼 나라의 사건을 소재로 쓴 소설이다. 가난하고 힘없는 재봉 직공 바비도, 그는 왜, 어떻게 교회에 대항하였을까.

15세기 초엽 헨리 4세가 집권하던 영국은 교회의 독선과 부패가 극심하였다. 특히 위클리프가 번역한 영어 복음서를 몰래 읽다가 적발되면 사형에 처해졌다. 주인공 바비도 역시 번역 성경을 읽었다는 죄목으로 재판에 넘겨진다.

그런데 성경 모임의 지도자들조차 죽음의 두려움 앞에서 자신의 행위를 죄라고 인정한다. 바비도는 그들의 비겁한 모습에 분개하면서 자신을 끝없이 회유하려고 하는 교회 세력의 거대한 위선을 절감한다. 그들은 단지 '힘'이 있기에 옳고 그른 것을 떠나 남을 억압하는 것이다.

재판관은 바비도에게 번역 성서를 읽은 것을 죄로 인정하라고 요구한다. 이를 인정하는 말 한마디면 살 수 있지만, 바비도는 거절한다. 자신들이 힘이 있다고 하여 죄가 아닌 행동을 죄라고 강요하는 것은 옳지 않다고 여겼기 때문이다. 그래서 바비도는 이 부조리한 세상에 더 이상 살 이유가 없다면서 '인간 폐업'을 선언한다.

결국 그는 처형장으로 끌려간다. 죽음을 앞두고 있는 그때, 태자 헨리가 나타나 죄를 반성하기만 하면 목숨을 구해 주겠노라고 제안한다. 그러나 바비도는 '지옥에 먼저 가서 기다리겠다'는 말을 던지며 사형대에 오른다.

바비도의 몸에 불을 지피는 순간, 갑자기 태자 헨리가 불을 끄고 바비도를 끌어내리라고 명령한다. 바비도의 용기와 신념에 감동하여 무조건 살려 주겠다는 것이다. 그러나 바비도는 이마저 뿌리치고 당당히 사형대에 올라 화형을 당한다.

가난한 자, 괴로워하는 자를 구하는 것이 그리스

도의 본의일진대, 선천적으로 결정된 운명의 밧줄에 묶여서 라틴말을 배우지 못한 그들이, 쉬운 자기 말로 복음의 혜택을 받는 것이 어째서 사형을 받아야만 하는 극악무도한 것이란 말이냐?

이 소설이 꼭 신앙 이야기만은 아니다. 타협하지 않고 스스로 화형의 길을 택한 타비도처럼 부조리한 권력에 맞서는 인간의 존엄성을 말하는 작품이다. '누구나 읽을 수 있는 성경'처럼 누구에게나 자유의지는 소중하다. 그래서 신앙의 자유가 있고, 생각의 자유가 있으며, 말의 자유가 있다. 우리 한 사람, 한 사람은 그렇게 소중한 존재이다. 그리스도 정신은 바로 이렇게 인간을 귀하게 여기는 정신일 것이다.

권력에 맞서는 우리들의 자화상

– 이승우의 「에리직톤의 초상」

나의
오래된
연인

이승우의 「에리직톤의 초상」은 좀 무거운 주제를 다룬다. 이 소설은 1981년 교황 저격 사건_{한 튀르키여인 청년이 교황 요한 바오르 2세를 저격한 사건}과 에리직톤의 신화를 모티프로 하여 신앙의 의미를 묻는 작품이다. 작가 이승우는 기독교적 신념을 둘러싸고 각자 다른 방식으로 관계를 맺고 있는 네 인물의 삶을 통해 신과 인간, 사회의 관계를 차근차근 성찰하고 삶의 구원 문제로까지 우리를 이끌어 간다.

그리스 신화에 등장하는 '에리직튼'은 신의 나무를 벤 죄로 아무리 먹어도 허기를 느끼는 벌을 받는 인물이다. 그는 자기 재산을 모두 먹거리를 구하는 데 써 버리고 심지어 자기 딸까지 팔아서 먹을 것을 구한다. 그의 배고픔은 자신의 몸을 모두 뜯어먹을 때까지 계속된다.

에리직톤이 벌을 받는 까닭은 무엇인가, 신이 그에게 내린 벌은 정당한가? 이 작품은 이러한 물음에서 출발한다. 작품 속의 등장인물인 신학교 교수의 말처럼 그는 신에게 복종하지 않은, 그래서 당연히 벌받아야 할 불경한 인물일까. 이러한 견해와 달리 작가는 에리직톤이 '신성'

의 이름으로 인간을 억압하는 잘못된 구조에 대항하여 외로운 싸움을 벌였던 의인이라고 해석한다.

신은 신화를 거부한다. 신화를 창조하고, 신화 속에 안주하는 것은 신이 아니라 오히려 인간이다. 신은 인간들의 처소에 인간과 함께 행동하기를 좋아하는 분임을 나는 안다. 따라서 인간적인 관심과 방법은 곧 바로 신의 관심과 방법이기도 하다. 이스라엘 묵시주의자들이 그랬던 것처럼, 또 중세의 일부 신비주의자들이 그랬고 이 땅의 상당한 종교인들이 답습하고 있는 것처럼 신에게 피신함으로써 현실로부터 자유로울 수 있으리라는 희망은 환상이다. 신은 피난민을 위해 숙소를 제공하는 자가 아니다.

신은 저 높은 곳에 계시는 게 아니라 인간의 삶 속에 있고, 따라서 우리의 신앙이 수직적인 신앙에 머물러서는 안 된다는 것이다. 신의 계율만을 받들고, 그 계율을 조금이라도 어겼을 때 받는 신의 가혹한 형벌을 마땅한 것으로 여기고, 계율을 지킴으로써 구원의 보상을 얻고자 하는 것만이 유일한 신앙생활은 아니라는 것이다.

> 아직 모세와 이집트인, 살인자와 희생자의 이분법은 유지되고 있다. 그 이분법의 구별이 완벽하게 그치는 것은 예수에게 와서이다. 예수는 스스로 죽이고 스스로 죽는다. 어떤 힘도 그를 죽게 할 수 없었다. 오직 그만이 할 수 있는 일이었다. 예수는 폭력과 희생을 한 몸으로 껴안는다. 그것은 그의 구원의 완성이다. 삶은 총을 똑바로 쏘는 것이다.

수직적인 신앙 구조에 대항해 교황 암살을 시도하다가 결국 자살하고 마는 형석. 종교적 이상을 추구하여 수녀가 되었다가 사회 현실에 뛰어들면서 종교적 이상과 현실이 맞닿는 지점을 발견하는 혜령. 사회 변혁의 꿈을 꾸며 사회 현실에서 벗어난 종교에 대해 칼날을 들이대는 태혁. 신학도의 길을 버리고 기자로 일하면서 이들의 변화를 객관적으로 바라보는 병욱.

이 작품이 종교를 부정한다고 오해하지 않기 바란다. 오히려 철학과 신학을 공부하는 이 네 젊은이들의 성장 이야기이자, 진정한 신앙을 탐색해 가는 고뇌의 이야기이다. 그리하여 독자로 하여금 수직적 신앙과 수평적 신앙의 관계에서 인간은 어떤 위치에 있어야 할지 끊임없이 성찰하게 한다.

독자의 한 사람으로서 말한다면, 그것은 신의 명령을 기다리는 수직적 삶이 아니라, 현실 속에서 주체적으로 판단하고, 정의롭게 행동하고, 스스로 책임지는 삶이 아닐까. 아마 그것이 우리 곁의 신이 바라는 일일 것이다.

작품 속의 젊은 주인공들이 매력적인 것은 그들의 삶이 '총을 똑바로 쏘는 삶'이었다는 점이다. 견고해진 모든 권력이 우리 이웃을 아프게 할 때, 그 권력에 대해 용기 있게 대항할 수 있어야 한다는 것, 그것이 이 작품이 우리에게 주는 메시지이다. 그러한 용기를 지닌 자의 모습이 우리가 찾아야 할 자화상이요, 또 다른 '에리직톤의 초상'이다.

우리들 속의 '사제'

– 현길언의 「사제와 제물」

줄거리로 볼 때 현길언의 「사제와 제물」은 노동 소설이다. 우리 사회의 산업 현장에서 벌어졌고 지금도 벌어지고 있는 노사 갈등의 문제를 다루고 있다. 제목처럼 이야기 속에는 사제가 등장한다. 그는 진짜 가톨릭 사제가 아니라 사제처럼 농성자들을 이끄는 인물로서, 이 인물의 고뇌와 행동이 이야기의 중심이다.

국내에서 가장 대우가 좋다고 평이 나 있는 세웅그룹에서 노조 파업이 일어난다. 노조원들은 빌딩 한 층을 점거하고 물과 전기가 끊긴 상황에서 자신들의 뜻을 관철시키기 위해 농성을 이어간다. 선우백 선생이 농성장으로 들어간 것은 농성자들을 회유해 회사를 위기에서 구해 달라는 사측의 요청에 의해서였다. 그러나 그는 오히려 농성자들과 합류하고 그들이 믿고 의지하는 '사제'의 역할을 하게 된다.

농성 노조원들은 자신들의 뜻을 알리기 위해 현수막, 전단 등 다양한 방법을 동원한다. 그러나 언론은 이미 회사의 입장을 대변하고 있고, 대부분 사람들은 농성 문제에 무관심하다. 그런 상황에 절망하며 '이채원'은 대중에게 호소하는 마지막 수단으로 투신 자살을 택한다.

이후 상황은 달라진 듯이 보인다. 그동안 별 반응을 보이지 않던 매스컴에서 사건을 집중 보도하고, 사람들은 그들의 농성에 관심을 보이게 되었으며, 회사측도 협조적인 태도를 보인다. 하지만 이 역시 약간의 시간이 지나자 원래의 무관심 상태로 돌아간다.

그렇게 농성이 이어지던 중, 노조위원장인 강철규는 '사제' 선우백에게 말한다.

> 성서에는 제사장이 자기 자신을 바치거나 자기의 것 중에 가장 소중한 것을 제물로 바쳐 제사를 지낸 이야기들이 많지요. 아브라함은 백 세에 얻은 외아들을 바쳤습니다. 그러한 제의식은 결국 예수에 와서 완성됩니다. 그는 자기 몸을 바쳐 십자가에 죽음으로써 가장 큰 제사를 치르게 되고 인류의 제사장이 됩니다. 그게 바로 사제의 길이지요. 우리 현실과는 아주 다릅니다. 우리들의 사제는 자신을 제물로 바칠 생각은 않고 다른 데서만, 그것도 약하고 힘없고 한스럽게 살아온 민중들에게만 요구합니다.

더구나 가증스러운 것은 그러한 폭력을 자행하면서도 민중이 역사의 주체 운운하면서 그들을 현혹하여 기꺼이 제물이 되기를 부추긴다는 사실입니다.

빌딩을 포위한 진압군들이 투신 자살을 막기 위해 매트리스를 까는 등 강제 해산, 강제 연행을 위한 만반의 준비를 마치고 있고, 두 명의 여성 농성원이 분신을 준비하고 정좌해 있는 상황. 농성장의 '사제'인 선우백 선생은 강철규가 한 '사제는 제물을 다른 곳에서 구하는 것이 아니라 자신을 희생함으로써 진실한 의미를 지닌다'는 말의 의미를 절실하게 깨닫는다.

자신은 사제이면서 스스로 제물이 될 생각은 하지 않고 다른 데서 제물을 찾지 않았던가. 투쟁의 승리를 위해 농성원들의 죽음을 은근히 바랐던 것은 아닌가. 예수가 그러했듯이, 진정한 사제는 한 알의 밀알처럼 온전히 자신을 바쳐 남을 구할 수 있어야 한다. 그런 깨달음 끝에 '나' 선우백은 스스로의 희생을 통해 참된 사제의 길로 나아가고자 한다.

"이번에는 내 차례야. 당신들, 물러가지 않으면."
나는 창을 뛰어내릴 동작을 하면서 소리를 질렀다.
…

"이제부터 새로운 제사는 시작된다."
나는 재차 확인하듯이 중얼거리면서 다시 아래를 내려다보았다. 가슴이 점점 넓어지면서 그렇게 까마득하게 보이던 거리가, 훌쩍 뛰어내려도 괜찮을 만큼 아주 가깝게 다가왔다.

선우백 선생은 이미 4·19 혁명 시절에 '진정한 사제의 모습은 무엇인가' 고민했었던 인물이다. 그는 그 질문에 대하여 자신을 희생하여 다른 생명을 구하는 것이라는 답을 얻었고 마지막 순간 그에 따라 행동했다.

선우백 선생이 진짜 사제가 아니듯 이 작품이 '사제'에 대한 이야기는 아니다. 당연히 사제는 희생되어 마땅하다는 이야기도 아니다. 죽음을 미화하는 것도 아니다. 이 소설은 '우리' 자신의 이야기이다.

우리는 놋성장에 내몰린 노동자들처럼 어려움에 처한

이웃에게 얼마나 사제의 마음으로 손을 내밀고 있을까. 제물이 된다는 것은 희생이자 사랑의 마음이다. 예수는 모든 것을 내어주고 스스로 제물이 되어 인류의 제사장이 되었다. 예수는 아마 이렇게 말씀하시지 않을까. 힘없고 약한 이들을 도우세요. 당신들 모두가 '사제'가 되어 자신의 욕심과 이익을 버리고 진정으로 남을 사랑하세요. 진정한 사제가 필요한 시대이다.

두 개의 십자가

– 김동리의 「사반의 십자가」

내가 중학 2학년이던 해 늦은 봄의 어느 일요일이었다. 나는 여느 때와 같이 교회엘 나갔다. 그때 강단 위에 선 목사님이 십자가에 달린 예수와 그 좌우의 강도 이야기를 했다. 임종에 이르러 회개한 대가로 「낙원」을 약속받는 우도右盜의 복을 선망에 찬 목소리로 이야기했다. 이와 반면 끝까지 회개하지 않고 예수에게 빈정거린 좌도左盜의 완맹한 저항은 저주받은 어리석음이라고 비난했다. 이때 나는 우도보다 좌도 쪽에 마음이 쏠렸다. 실국의 한이 얼마나 뼈저리게 원통하고 사무치면 죽음을 겪는 고통 속에서도 위로받기를 단념했을까 싶었다. 로마 총독 치하의 당시 유대 사람들도 일제 총독 치하의 우리와 같이 그렇게 암담한 절망 속에 신음했을 것이라 생각했다. 여기서 그 좌도는 나의 가슴 속에 새겨진 채 사라지지 않았다.

김동리의 「사반의 십자가」는 이렇게 작가의 어릴 적 강렬한 경험을 바탕으로 탄생한 작품이다. 예수의 십자가 처형 당시 그 왼쪽에 있었던 죄수의 이름이 바로 '사반'이다. 「사반의 십자가」는 이 도둑을 주인공으로 한 작품이다.

물론 소설은 역사적 사실과 상관없이 작가가 상상으로 그려낸 이야기다. 소설 속에서 사반은 2천 년 전 로마 식민지였던 유대의 독립 운동가이며 혁명단 단장이다. 그는 조국과 민족을 식민지 상황에서 해방시켜 줄 메시아를 기다린다. 이때 예수가 나타나고 사람들은 예수가 자신들을 구원해 줄 메시아라고 생각한다. 사반도 예수를 만나보지만 예수가 자신이 추구했던 지상의 행복과 해방이 아닌 내세적인 것만을 추구하는 것을 보고 실망하고 만다.

실망은 하였지만 사반은 예수가 메시아라는 사실만은 믿는다. 그러한 믿음을 기반으로 그는 메시아를 만나면 혁명에 성공한다는 예언에 따라 로마와의 전쟁을 시작한다. 그러나 외부 세력과의 연대 문제가 얽히면서 사반은 결국 배신당해 로마군에 체포되고 만다.

예수를 버반한 유다 역시 이 소설에서 사반 휘하의 혁맹단원으로 설정되어 있다. 그가 예수를 로마군에 넘기는 이유는 예수가 체포되면 마침내 기적을 발휘하여 로마군을 무찌를 거라고 믿었기 때문이다. 그러나 우리가 알다시피 그런 일은 일어나지 않았다. 오히려 예수는 자신의 죽음을 예견하고 받아들이며 순순히 목숨을 내놓는 행보를 보인다. 이스라엘 해방의 정신적 지주였던 두 사람은 결국 같은 날 같은 십자가형으로 죽음을 맞이하는데, 이 클라이맥스 장면에서 작가는 사반의 십자가에 초점을 맞춘 것이다.

「사반의 십자가」가 드라마틱한 이유는 성경에서 부수적인 인물에 불과한 사반이 예수와 대립되는 사상가로 설정되었기 때문이다. 핍박받는 민족을 해방시켜야 한다는 같은 과제를 두고 무장 투쟁을 외친 사반과 만인에 대한 사랑을 이야기하며 현실 너머의 낙원을 설파한 예수. 이 작품에서 작가의 시선도, 독자의 공감도 현실적인 입장의 사반 쪽에 더 가깝게 가 있다.

어쩌면 한낱 잡범에 지나지 않을 사반을 김동리 작가는 왜 이렇게 주목했을까. 작가가 작품을 집필하던 50년대는 6·25 사변을 겪은 우리 민족의 고난이 극심하던 시기이다. 그 참담한 실상을 목격한 작가가 현실적인 구원 쪽에 더 기울어졌을 가능성도 없지 않을 것이다. 하지만 상상력이 허

용된다면 본질적으로 작가는 또다른 예수를 그려낸 것이 아닐까.

예수는 그가 마주한 현실 앞에서 깊은 고뇌를 하였으리라. 로마로부터 핍박받는 비참한 상황에서 민족을 구원하기 위하여 그의 마음 깊은 곳에서도 혁명가의 피가 끓어오르지 않았을까. 어쩌면 김동리가 주목하는 사반은 그 고뇌하는 '인간' 예수의 또다른 모습일지도 모른다.

하지만 우리는 안다. 눈앞에 보이는 현실적인 구원은 결국 현실적인 한계를 드러낼 뿐이라는 것을. 결국은 인간으로서의 고뇌를 넘어, 우리는 끝끝니 초월적인 사랑의 세계로 나아가야 한다. 사반의 십자가가 오늘날 예수의 십자가보다 우리 가슴에 더 오래 남지 못한 이유는 바로 이 때문일 것이다.

어떻게 용서할 것인가
– 이청준의 「벌레 이야기」

나의
오래된
연인

이청준의 단편 「벌레 이야기」는 영화 '밀양'의 원작으로 잘 알려진 작품이다. 하지만 원작은 사건이 중심이 된 영화보다 좀 더 인물의 내면 갈등에 초점이 가 있고, 그 중심에는 바로 '용서'와 '구원'의 문제가 있다. 그래서 이 작품은 생각보다 꽤 어려운 작품이다.

　　초등학교 4학년생인 '알암'은 내성적인 성격의 아이로 별다른 취미생활을 갖지 못하다가, 최근에 학원까지 다닐 정도로 주산에 관심이 많아졌다. 그러던 어느 날 알암은 유괴를 당한다. 알암의 엄마는 이웃인 김 집사의 권유로 기독교 신자가 되어 하느님이 자식을 무사히 되돌려주기를 기원하지만, 유괴 80여 일 만에 알암은 결국 변사체로 발견된다. 범인은 다름 아닌 주산학원의 원장이었고, 그는 사형수가 되어 감옥에 갇힌다.

　　아들이 참혹한 주검으로 발견되면서 깊은 슬픔에 잠긴 엄마는 신앙을 버리고 범인에 대한 원한과 저주로 나날을 보낸다. 그러던 중 그녀는 아이의 영혼이 구원받을 수 있다는 김 집사의 설득에 다시 하느님을 믿고 범인을 용서하기로 마음먹기에 이른다. 그녀는 심사숙고 끝에 자식의 살해

범을 만나러 교도소로 면회를 간다. 그러나 그녀의 어려운 결심과는 판이하게 유괴 살해범인 주산학원 원장은 수감 생활 중에 하느님으로부터 이미 용서를 받았다며 평온한 자세로 그녀를 마주 대하고 있는 것이다.

그의 모습에 그녀는 깊은 절망감을 느낀다. 내가 용서하지 않았는데 누가 용서를 했단 말인가. 그렇게 하루하루를 힘들게 살아가던 중, 살해범이 사형 집행을 앞두고 남긴 유언, 즉 자신은 너무도 평온하며, 다만 유족들에게 죄송할 따름이라는 말을 라디오를 통해 들은 후 그녀는 약을 먹고 자살하고 만다.

> 그래요. 내가 그 사람을 용서할 수 없었던 것은 그것이 싫어서라기보다는 이미 내가 그러고 싶어도 그럴 수가 없게 된 때문이었어요. 집사님 말씀대로 그 사람은 이미 용서를 받고 있었어요. 나는 새삼스레 그를 용서할 수도 없었고, 그럴 필요도 없었지요. 하지만 나보다 누가 먼저 용서합니까. 내가 그를 아직 용서하지 않았는데 어느 누가 나 먼저 용서

하느냐 말이에요. 그의 죄가 나 밖에 누구에게서 먼저 용서될 수 있어요? 그럴 권리는 주님에게도 있을 수가 없어요. 그런데 주님께선 내게서 그걸 빼앗아가 버리신 거예요. 나는 주님에게 그를 용서할 기회마저 빼앗기고 만 거란 말이에요. 내가 어떻게 다시 그를 용서합니까?

　이 작품의 요점은 바로 '내가 아직 그를 용서하지 않았는데 누가 그를 먼저 용서할 수 있느냐'는 것이다. 그런 의미에서 이 작품 「벌레 이야기」의 '벌레'는 유괴 살인범인 주산학원 원장을 말하는 것이 아니라, 자신을 '용서'의 권리까지 없는 하찮은 미물이라고 여기게 된 주인공 알암 엄마를 가리키는 것이다.

　줄거리로만 볼 때 「벌레 이야기」는 종교적 내용이지만, 대개의 문학이 비유적이듯이 이 작품도 광주 사태의 주범인 전두환을 모티프로 한 것으로 알려져 있기도 하다. 그러나 작품의 배경이 무엇이든 상관없이 이 소설은 피해자에 대한 진실한 사죄의 마음이 없다면 참다운 용서도 있을 수 없다는 보편적인 주제에서 바라볼 수 있다.

　죄를 고백하면 하느님이 용서한다는 것은 '고백'이 스스로 자기 죄를 뉘우치는 행위이기 때문이다. 이 반성의 행위까지 하느님이 대신 해 주시지는 않는다. 단순히 '신앙을 가졌으니까' 하느님으로부터 용서받을 수 있는 게 아니라, 한 주체적 인간으로서 다른 이의 아픔을 온몸으로 느낄 수 있을 때 비로소 하느님은 용서하신다.

　하느님은 결코 우리를 하찮은 '벌레' 같은 존재로 만드신 것이 아니라, 남의 고통에 공감하는 '인간'이라는 존재로 만드셨다. 그래서 우리는 서로 고백하고, 용서하고, 사랑할 수 있어야 한다.

봄

마음의 태양을 따라가는 길

무엇이 신앙인가

– 최인훈의 「라울전」

나의
오래된
연인

각각 제사장 집안에서 태어나 어릴 때부터 한 랍비 밑에서 공부하고 함께 랍비가 된 친구가 있다. 라울과 바울사울이다. 둘의 성격은 정반대여서 라울이 조심성 있고 신앙심이 깊은 반면, 바울은 팔팔하고 조급하고 불성실하기까지 했다. 그런데 가위바위보를 해도 항상 바울이 이기곤 하였듯이 늘 운은 바울 편이었다

이런 일도 있었다. 시험을 앞둔 날 바울은 기도를 올리고는 아무렇게나 펼친 성전의 한 부분만 외우기 시작했다. '통밥'으로 딱 찍어서 벼락치기 공부를 한 것이다. 이 모습을 지켜보던 라울은 오기가 나서 딱 그 부분만 빼고 공부했다. 그런데 바로 그게 시험에 나왔던 것이다.

그래서 라울은 '신의 사랑' 앞에서 언제나 바울이 두려움의 대상이었다. 삶을 한치 한치 세면서 살아가는 자신보다 '내기와 우연과 예언'에서는 언제나 바울이 한 발 앞서 나갔기 때문이다.

바울은 '나사렛 고을의 천한 목공의 장남' 예수를 허황된 존재라 하며 그의 무리를 총독 빌라도에게 고발하기를 일삼는다. 반면에 라울은 경전을 공부하면서 나사렛 사람

이 다윗의 계보를 잇는 자이며 '여호와의 아들'이라는 믿음을 갖게 된다. 그래서 대제사장 안나스가 로마 제국에 대한 모반죄로 예수를 고발할 것인지 떠보자 그를 만난 적이 없기에 거부한다고 답하기도 한다.

「광장」으로 잘 알려진 최인훈의 초기작 「라울전」의 내용이다. 이 소설에서 신이 선택한 인물은 누구일까. 나사렛의 아들을 메시아로 받아들이는 라울이라고 생각하기 쉽지만, 뜻밖에도 신의 선택은 바울이다. 왜일까. 라울은 지식으로써 예수에게 가까이 갔지만 딱 거기까지였다.

> 라울이 나사렛 사람의 발밑에 엎드리기 위하여는, 단 한 걸음이면 되었고, 그 단 한 걸음은 반드시 필요한 '한 걸음'이었다. 라울은 그것을 잘 알고 있었고, 그곳에 그의 괴로움이 있었다. 눈에 보지 못한 것을 믿을 수는 없었다. 그리고 라울은 총독의 잔치와 교구장 모임과 제사에 한 번도 빠짐이 없이, 그것이 '보여지기'를 기다리는 것이었다.

이렇게 주저하며 예수를 찾아 나서지 못한 라울과 달리, 바울은 어느 날 총독에게 다음 희생자의 명부를 건네주기 위하여 다메섹으로 가던 길에 주를 만난다. '사울아, 어디로 가느냐'는 말씀에 그는 주의 종이 된다. 주는 하고많은 무리 가운데 죄 많은 자를 골라 가장 귀한 종으로 삼았으니, '그 모든 것이 아버지의 뜻'이었던 것이다.

이 작품은 그 제목처럼 라울에 초점이 맞추어져 있다. 신앙 앞에서 고뇌하는 우리 인간의 모습과 그 한계를 보여주고자 하는 것이다. 신의 선택을 도저히 이해할 수 없었던 라울은 바울이 신을 영접했다는 다머섹으로 길을 떠나고, 그 가는 길에서 주검으로 발견된다. 지식과 이성의 틀에 갇힌 인간의 한계를 보여주는 장면이라고 할 것이다.

어려운 주제이기는 하나, 이 소설의 마지막 구절을 읽으면서 믿음이란 무엇인지 다시 한번 생각하게 된다.

> 뒷날, 측근에 있는 사람들 사이에서 무슨 말 끝에 라울의 이름이 오고 갔을 때, 바울은 듣고만 있다가 끝에 차디찬 투로 그의 서간에 있는 저 유명한 말

을 되풀이한 것이다.

'옹기가 옹기장이더러 나는 왜 이렇게 못나게 빚었느냐고 불평을 한들 무슨 소용이 있으랴. 옹기장이는 자기가 좋아서 못생긴 옹기도 만들고 잘생긴 옹기도 빚는 것이니'라고.

부활의 봄

– 김동리의 「부활」

김동리의 「부활」은 일곱 페이지짜리 짧은 소설인데 예수의 죽음과 부활을 다루고 있다. 성경 속에서 예수의 부활은 신성한 기적이다. 입구를 막은 바윗돌은 치워져 있고 무덤은 비어 있다. 그렇게 죽은 지 사흘 만에 예수는 부활하였다.

그런데 소설 「부활」은 이 신성한 기적을 무척이나 일상화한다. 이야기의 주인공은 '나'로 등장하는 아리마대의 요셉이다. 예수의 죽음과 부활의 예언을 확인하고 싶었던 그는 골고다 언덕의 처형장에 가고 마침내 숨을 거두는 예수를 지켜본다. 그러면서도 십자가 형틀에서 죽었던 사람이 나중에 되살아났다는 이야기는 얼마든지 있다고 생각하면서 내심 예수가 살아 있으리라 믿는다.

그래서 그는 빌라도의 허락을 받아 자신이 마련한 무덤에 시신을 안치한다. 안식일 밤(예수가 죽은 다음날) 요셉은 예수의 꿈을 꾸고 그의 호수같이 맑은 두 눈을 보며 심장이 마비되는 듯한 구원의 느낌을 받는다.

「랍비여! 랍비여!」

내가 울음과 함께 떨려 나오는 목소리로 이렇게 그를 부르며 두 손으로 그의 내밀어진 왼쪽 손을 붙잡으려 했을 때 그는 홀연히 내 앞에서 사라졌다. 아니, 나는 눈을 뜨고 있었다. 나의 두 볼에는 싸늘한 눈물마저 흘러내리고 있었다.

요셉은 하인을 깨워 마차를 몰아 무덤에 이르고, 술에 취해 잠든 병사들 몰래 바윗돌을 치우고, 그리고 어두운 무덤 안에서 살아 있는 예수를 만난다. 놀란 요셉은 하인과 함께 예수를 부축하여 아리마대로 달려간다.

이후 예수는 사흘 동안 누워서 조금씩 음식을 먹기 시작하고 그렇게 조금씩 건강을 회복한다. 그러면서 또 며칠이 지났다.

사흘에서 또다시 사흘이 지나니 두 번째 안식일이 돌아왔다. 닭이 세 홰를 울자 예수는 골방에서 나왔다. 어느 사이엔지 옷도 다 갈아입고 있었다.

소설의 마지막 구절이다. 예수가 새 옷으로 갈아입은 것은 곧 부활을 상징한다. 육체적으로 죽지 않고 살아난 예수, 요셉의 도움으로 무덤에서 빠져나온 예수, 며칠간 병석에 누워 있던 예수, 마침내 일어나 새 옷으로 갈아입은 예수. 너무나 지상적이고 평범한 부활이다.

어릴 적부터 기독교 환경에서 자란 김동리 작가가 부활의 의미를 폄하하고자 이렇게 썼을 리는 없다. 부활이 신비로운 기적에 머무르는 한 그것은 오직 천상의 것이며 우리 인간은 그저 바라보고 기대기만 하는 존재에 그친다. 부활이 지상으로 내려올 때 비로소 우리 인간도 부활하는 존재가 될 수 있고 또 그래야만 한다.

나는 이웃의 고통을 돌아보고 함께 아파하는가. 나의 양심은 맑고 투명한가. 어떻게 살아갈 것인가. 이런 끝없는 고민을 통해 우리는 새로운 사람으로 태어나야 한다. 톨스토이의 「부활」에서 카추샤로 하여금 살인의 죄에 이르게까지 한 네플류도프는 타락한 자신의 양심에 괴로워하고 마침내 산상수훈을 읽으며 새로운 사람으로 태어난다. 이 위대한 작가가 말하는 부활도 천상의 기적이 아니라 고뇌를 통해 새로 태어나는 한 인간의 일이다.

   부활절이 있는 봄이다. 나무의 잎마다 연둣빛 물이 오르고 대지는 꽃을 피워 올린다. 이 신비한 부활의 계절에 우리도 눈부신 잎과 꽃들처럼 새로워질 수 있지 않을까.

일상의 기적은 어디 있을까

– 송상옥의 「흑색 그리스도」

나의
오래된
연인

송상옥의 「흑색 그리스도」는 종교색 짙은 제목과는 달리 자신을 잃고 방황하는 현대인의 심리를 묘사한 작품이다. 간단히 요약하면 고향의 처녀를 겁탈하고, 버렸다가, 어떤 계기로 돌아가는 한 청년의 이야기이다. 그러나 이 작품은 이렇게 진부하고 소박한 내용으로 집약되지 않는. 결코 만만하게 처리될 수 없는 많은 문제 의식을 품고 있다.

바다가 있는 고향에서 주인공은 소년기를 보낸다. 그는 하늘로 솟아오르고 싶었고, 날고 싶었다. 서울로 대학 진학을 하기 전, 그는 우연히 만난 여학생 영희를 겁탈하고 아이를 잉태시킨다. 그러고는 방학이 되어도 고향을 찾지 않고 외면한다.

그는 이런저런 무의미한 여성 편력을 이어가고, 별다른 마음 없이 향순이와 애인으로 지내기도 한다. 이렇게 현실 속에서 방황하면서 그는 영희나, 향순이나, 자신을 구속하는 모든 여인들이 죽어 버리기를 바라고, 절망에 빠져 "나의 하나님, 나의 하나님, 어찌하여 나를 버리시나이까?"라고 외치고는 한다. 그래서 그는 기적을 꿈꾼다.

> 큰 소리로 나사로야 나오라 부르시니 죽은 자가 수족을 베로 동인 채로 나오는데, 그 얼굴은 수건에 싸였더라. 예수께서 가라사대 풀어놓아 다니게 하시니라.

하지만 그가 가장 좋아하는 이 성경 구절 같은 기적은 현실 속에서 일어나지 않는다. 현실은 변하지 않고 항상 그대로이고, 결국 그는 절망에 빠져 기적을 부인한다.

> 기적은 없어. 기적을 행하는 그리스도 같은 건 아무 데도 없어. 공중에 떠 있는 새까만 그리스도가 있을 뿐이야. 손끝 하나 까딱하지 않는 새까만 그리스도가….

어느 날, 그렇게 간절하게 죽어 버리기를 바랐던 여인들 중 건넌방 아가씨 경자가 음독 자살을 하는 사건이 발생한다. 그 사건을 계기로 그의 마음이 바뀐다. 그는 거짓 사랑에 지친 향순이나 자신이 버린 영희처럼 고통에 찬 사람들이 세상에 가득하다는 사실을 깨닫게 되고, 드디어 영희를 찾아 고향으로 내려간다.

「흑색 그리스도」의 그가 꿈꾸던 것처럼 죽은 자가 일어나는 그런 기적은 없을 수 있다. 어느 날 거액의 복권에 당첨되거나, 열심히 준비하지도 않은 시험에 덜컥 합격하는 그런 기적 아닌 기적 말고는…….

하지만 이 작품의 주인공처럼 정말 말도 안 되는 한순간에 사람의 마음이 변할 수는 있다. 오랜 미움이 화해의 눈물로 바뀌고, 방황 끝에 자신이 가야 할 길이 나타나는 것, 그것은 인간 삶이 지닌 경이로움 아닐까. 이것이야말로 진정한 기적이 아닐까.

'공중에 떠 있는 새까만 그리스도'가 손끝 하나 까딱하지 않아도 우리 일상에서 이루어내고 있는 기적은 의외로 많다. 우리 마음속의 세상에서 일어나는 기적이다. 사소한 일상 하나에서도 마음이 기쁨으로 가득차는 기적이 여기저기에서 일어나기를 꿈꾸어 본다.

마음의 태양을 따라가는 길

– 김의정의 「목소리」

나의
오래된
연인

김의정은 1961년에 등단하여 1990년대까지 꾸준히 작품 활동을 해 온 여성 작가이다. 그녀의 작품 세계는 가톨릭에 기반을 두고 있다는 평가를 받는다. 그녀의 작품집 대부분이 성바오로 출판사에서 출간되었다는 사실은 이 점을 잘 보여주기도 한다.

「목소리」는 1967년 월탄문학상을 받은 작품으로 김의정의 대표작이라고 할 수 있다. 6·25 발발 초기 공산군에 점령된 서울을 무대로 삼고 전개되는 작품이다. 이 작품에서 김의정은 공산주의자들에 의한 천주교 박해 문제를 정면으로 다루고 있다.

한국인 신부, 외국인 신부, 한국인 수녀, 외국인 수녀, 한국인 평신도 등을 두루 등장시키면서 작가는 그들의 고난을 면밀하게 그려 나간다. 우여곡절 끝에 결국 한국인 신부와 수녀는 처형당하고, 외국인 신부와 수녀들은 공산군에 붙잡혀 북쪽을 향하여 '죽음의 행진'을 하게 된다.

여주인공 '수임'은 전쟁 발발 후에 자원하여 수녀가 된 인물이다. 그녀는 간신히 공산군에 붙잡히는 것을 모면하지만, 스스로 그 행진의 길을 따라가겠노라고 결심하는 것으로 소설은 결말이 난다.

> 해는 동쪽에서 떠서 서쪽으로 지는데 이 마음의 태양은 어찌하여 남에서 북으로 궤도를 밟게 된 것일까? 그것이 자기가 바라는 천주의 섭리라면 수임은 그 길이 제아무리 험악한 길이라 해도 그 태양을 따라 북으로 북으로 걸어가야 한다고 몇 번이고 자신에게 다짐했다.

여기에서 '마음의 태양'은 수임이 숭배의 대상으로 삼고 있는 글라라 수녀를 가리킨다. 프랑스 사람인 글라라 수녀가 북으로 강제 이송되는 것을 목격하고서 수임은 자기도 그녀의 길을 따라가기로 결심한다. 수임은 원래 결혼을 약속한 애인이 있었다. 그런 그녀가 수녀가 되고, 그것도 모자라 스스로 죽음의 길로 나서는 것이 현실적으로 가능한 일일까. 그래서 문학 이론가들은 이러한 작품 줄거리에 개연성이 부족하다고 평가하기도 한다.

하지만 이 작품에서 강조하는 마음의 '목소리'가 수임

에게 내려진 '성소'라면, 그리고 그 성소에 대한 응답이 수임에게 맡겨진 책무라고 해석한다면 주인공 수임의 행동이 '느닷없는' 것이라고만 할 수 없을 것이다. 이 작품의 핵심 부분을 보자.

> 글라라 수녀와 군관동무와 수임이, 그들의 시선이 교차되는 점은 모든 장애와 이념과 국적까지도 초월한 따사롭고 부드러운 인간애로 이루어져 있었다.

이 짧은 한 문장은 글라라 수녀, 인민군, 수임 세 사람의 시선이 교차하는 순간의 의미를 묘사하고 있다. 북송되는 글라라 수녀를 마지막으로 보기 위해 김밥 장사로 가장하여 나온 수임, 이것을 눈치채고도 눈감아 주는 인민군 군관동무, 그리고 수임의 애끊는 시선을 침묵으로 대할 수밖에 없는 글라라 수녀의 마음이 찰나의 교감을 이루고, 그곳에 '색깔이 다른 목소리'를 하나로 통합할 수 있는 '인간애'가 존재한다는 것이다.

작가 김의정이 「목소리」에서 보여주고자 한 것은 바로

다른 국적, 계급, 이념, 종교를 가진 사람들이라도 인간에 대한 사랑으로 화합할 수 있다는 것이다. '마음의 태양'을 따르는 것은 바로 그 화합으로 이르는 길이다. 제각각의 목소리로 어지러운 시기, 미워하는 마음보다 '사람에 대한 사랑'으로 서로를 포용하는 마음이 무엇보다 필요한 때가 아닐까 싶다.

강박적 신앙에서 잃어버린 것

— 이범선의 「피해자」

이범선은 「오발탄」으로 잘 알려진 작가이다. 그의 또 다른 작품 「피해자」는 기독교도의 여러 강박적 모습을 잘 그려내고 있다.

주인공 최요한은 기독교 가정에서 자라났다. 그의 아버지는 '고아의 아버지'라 불릴 만큼 고아들을 위해 헌신한 교회의 장로이다. 그런 아버지가 막상 아들인 최요한이 고아인 양명숙을 사랑하여 결혼하려고 하자 결사적으로 반대한다. 자신의 외아들과 전혀 차별 없이 고아들을 키우고 그들을 위해 밤새 눈물을 흘리며 기도하던 아버지, 그런 아버지를 존경했던 최요한은 아버지의 이중적 태도에 환멸을 느낀다.

아버지가 고아원을 운영한 것은 그 아이들을 사랑하고 동정해서가 아니었다. 단지 하느님께 충성하는 삶을 살아간다는 것을 보여주기 위함이었다. 이를 알게 되면서 최요한이 아버지에게 가졌던 신뢰와 존경심은 급격히 무너지고 만다.

그러나 심약한 주인공은 그런 아버지의 위선에 반항하지도 갈등을 극복하지도 못한다. 그러면서 자신을 '열정도,

용기도, 지성도, 신앙도 없는, 소위 허위나 악덕마저도 없는 완전한 등신'이라고 자학한다.

사랑하던 명숙은 고아원을 뛰쳐나가고, 그는 아버지가 원하는 어느 목사의 딸과 결혼하여 교회의 집사가 되고, 기독교 계통 학교의 교사가 된다. 그런 그가 만나게 되는 또 한 명의 허상적 신앙인은 바로 그의 아내이다. 그의 아내는 기도는 꼭 예배당 마룻바닥에 엎드려 해야 하는 것으로 알고 있는 인물이다. 새벽마다 그녀는 우는 아이와 출근하는 남편을 내버려두고 기도하러 교회에 간다. 이런 아내의 태도를 요한은 '맹신'이라고 여기고 그녀와의 생활을 '지옥'으로 느낀다.

> 그런 나는 정말 이것도 저것도 아니었다.
> 아버지처럼 모든 것을 하나님께 밀어 맡기고 방금 낮잠을 자다 깨어난 때처럼 허심할 수도 없었고, 그렇다고 아내처럼 마치 머리의 비듬을 털듯이 여배당 마룻바닥에다 쉽사리 마음의 괴로움을 떨어버릴 재주도 못 가지고 있다.

가장 가까운 종교인들의 허위적인 모습에 염증을 느끼던 최요한은 우연히 20년 만에 술집 마담이 된 명숙을 만나게 된다. 그때까지 요한과의 사랑을 마음 깊이 간직하고 있던 명숙은 수학여행지 경주까지 요한을 따라가고, 그곳에서 투신 자살을 하고 만다. 죽은 명숙을 끌어안고 요한은 한국의 목사, 장로, 그리고 기독교도인 모두가 그녀를 죽였다며, 그들 모두 가해자이며 동시에 피해자라고 절규한다.
  최요한이 외친 이 절규는 기독교 자체에 대한 비판이라기보다는 하나의 인습으로 화석화된 신앙에 대한 고발이다. 그런 인습의 틀에 얽매여 신앙의 참된 가치를 잃어버리고 혼미한 믿음의 어둠 속을 헤매는 종교인들도 결국은 피해자라는 것이다. 작가는 최요한의 목소리를 통해 우리가 추구해야 할 가장 큰 교리는 '진정한 사랑'에 있음을 일깨워 준다.
  작가의 말대로 우리는 '성경책을 채찍 대신'으로 사용하며 고정화된 교리 문구만을 맹목적으로 지키는 것, 그리고 그 문구를 조금이라도 어긴 타인을 비방하기 위해 공동체의 형제자매들로 모인 것은 아니다. 모든 종교적 형식을 떠나 마음으로써 서로 사랑하고 어루만져 주기 위해 모인 것이다.

"사랑이 아니라 사명감에서 행하고 있는 신앙 생활과 종교의 노예가 된 신앙인의 허상"을 신랄하게 고발하고 있는 이 작품, 역설적이게도 그 제목이 '가해자'가 아니라 '피해자'라는 데서 그들 모두를 감싸는 작가의 따뜻한 시선이 느껴지는 작품이다.

신앙의 길은 어디에?

– 송우혜의 「고양이는 부르지 않을 때 온다」

나의
오래된
연인

「고양이는 부르지 않을 때 온다」는 송우혜의 단편소설이다. 신학과 출신의 작가답게 이 작품은 신앙의 의미라는 무거운 주제를 담고 있다. 작품은 거식증에 걸린 소녀에게 기도를 해 주겠다는 목사의 제안을 소녀가 조롱하는 것에서 시작된다.

> 기도가 거식증에 효험이 있다 해도 그래요. 우리 할머니 같은 분의 기도로도 안 된다면, 생전 처음 보는 목사님이 한마디 삐죽 기도해 준다고 해서 내 거식증에 대체 무슨 효험이 있겠어요. 우리 할머니가 어떤 분인 줄 아세요? 세상에서 가장 착한 사람이에요. 그런데, 그런 분이 드리는 기도조차 전혀 효험이 없단 이야기예요.

정민과 할머니는 평범하면서 선량한 사람이었다. 그런데 어느 날 고등학생이던 정민의 오빠가 동네 불량배에게 폭행을 당해 죽는다. 그들은 그 고통 속에서 '신앙'을 찾고 교회도 열심히 다니게 되었다.

그런데 어느 날 범인이 모범수로서 일찍 출옥하여 제과점도 차리고 결혼까지 하여 행복하게 살고 있다는 소식이 들려 온다. 더 충격적인 사실은 그가 기독교인으로서 살아가고 있다는 것이었다. 어떡하든 기도를 통해 용서의 힘을 간구하던 그들은 결국 절망하고 만다. 그때부터 할머니는 심한 관절염을 앓게 되고 정민이는 거식증에 빠진다.

'왜 하느님은 죄 없는 착한 아이를 죽게 하시고, 악인을 용서하시는지' 정민이는 이해할 수 없다. 세상에서 가장 착한 할머니의 기도도 들어주지 않는데 목사가 '삐죽' 해 주는 기도가 무슨 의미가 있단 말인가. 목사는 이 문제에 대해 무력감을 느낀다. 번거롭고 난감한 일로 여기기까지 한다. 종교적 감성만 자극하는 그의 기도에 정민은 철저하게 냉소를 보낼 뿐이다.

그런데 어느 순간 정민이 밥을 먹기 시작한다. 범인의 제과점에 신나를 뿌리고 불을 지른 이후부터이다. 범인은 심한 화상을 입고 정민은 구속되는데 그때부터 거식증을 극복하는 것이다. 그저 사랑과 용서를 구하는 기도가 아니라 스스로 고통의 근원에 직접 다가감으로써 위로를 받은 것이다.

참된 신앙의 길은 어디에 있을까. 목사는 한 모임에서 이런 이야기를 듣는다. 거친 바다에 나가면 숙련된 해군 병사들도 심한 멀미를 한다. 그런데 배를 처음 타는 신병이 멀쩡할 때가 있는데 그런 병사들은 어릴 때부터 침대 생활을 해 왔기 때문이라는 것이다.

반듯하지만 요지부동인 방바닥과 달리 침대에서는 몸이 흔들린다. 그런 흔들림에 익숙하면 멀미를 하지 않듯이 세상의 고통과 더불어 움직이는 게 진정한 신앙이 아닐까. 어쩌면 우리의 기도 중에는 딱딱한 방바닥처럼 현실의 고통에 진정으로 공감하지 못하는 공허한 기도는 없었을까.

목사는 큰 설교를 앞두고 자신이 준비한 원고에 아무런 기쁨이 없다는 것을 느낀다. 그동안의 성공 가도에 불안이라는 이름의 고양이가 뜻하지 않게 다가와 지금까지 참된 신앙의 길을 걸었느냐고 묻는 것이다. 그 사나운 발톱으로부터 빠져나오기가 쉽지 않다고 느끼는 것처럼 목사는 아마 세상 속에 더 깊이 뛰어드는 신앙의 길로 나아갈 것이다.

세상의 모든 고통을 하느님의 뜻으로만 돌릴 것인가. 아니면 그들의 분노에까지 공감하면서 그 아픔을 위로할 것인가. 무엇이 참된 신앙의 길일까? 어려운 질문이다.

천주님은 크신 분

– 최은영의 「밝은 밤」

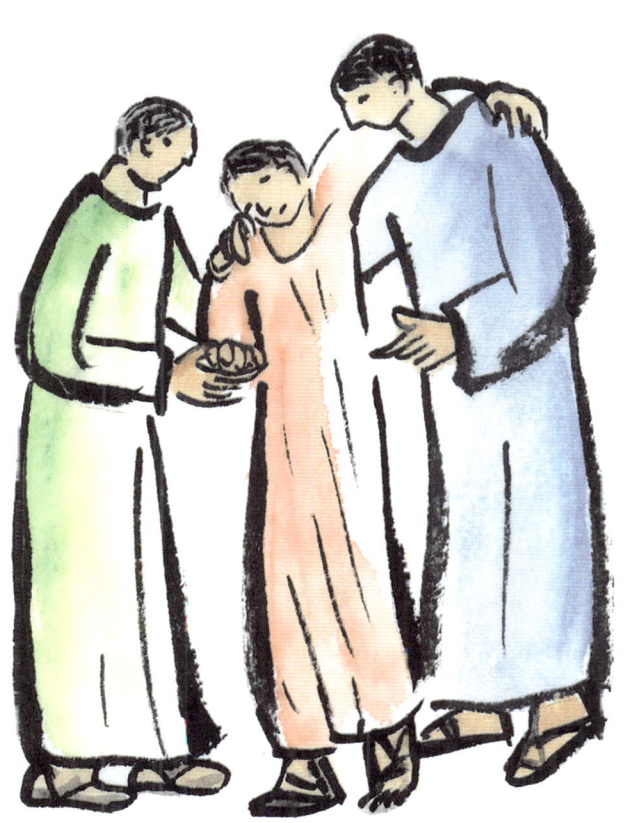

최은영의 「밝은 밤」은 "엄마나 할머니, 아주 옛날에 이 땅에 살았던 여성들의 이야기를 써 보고 싶다"는 작가의 오랜 바람에서 나온 작품이다. 백 년의 시간을 관통하여 증조모-할머니-엄마-나의 4대로 이어지는 가슴 아픈 이야기이다.

서른두 살 주인공 지연은 남편의 외도로 이혼을 하고, 서울 생활을 정리해 '희령'이라는 동해안 소도시로 떠난다. 희령 천문대의 연구원 채용 공고를 보고 이사를 결심한 것이다. 이사 간 아파트에서 그녀는 우연히도 20년 넘게 만나지 못하던 외할머니를 만나게 된다.

그 만남을 계기로 지연은 1930년대 증조할머니 삶에서 시작해 외할머니, 어머니의 이야기를 듣는다. 증조모는 위안부로 끌려갈 뻔했고, 할머니는 남편이 중혼인 줄 모르고 결혼했다가 버림받았고, 어머니는 그런 할머니와 일부러 거리를 두고 살아오고 있었다.

이 작품은 이처럼 파란만장한 여성들의 가족사 이야기이다. 그 속에서 증조모 삼천과 깊은 우정을 나누는 새비 아주머니의 이야기가 눈길을 끈다. 그녀는 백정의 딸로 태어나 멸시받던 증조모를 따뜻한 가슴으로 받아들이는 인물이다.

그녀의 남편인 새비 아저씨도 누구보다 따뜻한 심성을 지닌 사람이다. 작품 속의 대부분 남성들이 가부장적이고 무책임한 모습을 보이는 데 비해 이런 새비 아저씨의 모습은 참 이채롭다. 꼭 죄로 더러운 사람들 속에 홀로 깨끗한 모습으로 서 있는 것 같다. 그런 새비 아저씨가 가족의 부양을 위해 히로시마에 갔다가 원폭 피해를 당한다.

히로시마에서 아비규환의 지옥을 목격한 새비 아저씨는 독실하게 믿던 천주님을 원망하면서 죄 없는 사람들을 그렇게 죽게 내버려 둔 천주님께 사과를 받아야 한다고 고집을 부린다. 그러면서 자신은 죽을 때 종부성사를 받지 않겠다고 선언한다. 남편을 누구보다 사랑하고 이해하는 아내인 새비 아주머니는 그의 뜻에 따라 종부성사 없이 장례를 치른다.

그리고 그 심경을 가장 친한 친구인 증조모 삼천에게 편지로 전한다.

너 따위 간나가 내 아들 천국 문을 닫아버렸다구. 애 어마이 어깨를 꼭 잡고 소리쳤지. 어마이, 기 말 취소하시라요. 희자 아바이가 천국에 못 간다면 세상 갈 수 있는 사람 어데 있시까. 천주님은 크신 분이라 희자 아바이 뜻을 품어주실 분이라요. 입조심하시라요.

희자 아바이가 진짜 천주님을 버렸다믄, 화도 안 내고 사람들이 하란 대루 종부성사도 받았을 기야. 천주님을 사랑하지 않았다믄 기냥 미적지근하니 미사 가서 앉아 있다 왔을 기야. 그런 고집 부리지도 않았을 기야.

우리 희자 아바이… 저짝으로 가서 그렇게 미워하고 사랑하는 천주님 얼굴 보갔구나… 그런 생각이 그 어떤 의심도 없이 들었어. 내 고저 이런 생각을 하구 희자 아바이 보내고 있어.

종부성사를 거부한 남편이 다른 사람 생각처럼 결코 천주님을 버린 것이 아니라는 것이다. 그래서 남편이 종부성

사를 받지 않아도 그 신앙의 깊이를 천주님은 다 헤아려 주실 것이라고 믿는 것이다.

진실은 겉모습에 있지 않고 마음에 있다. 천주님은 크신 분이라 겉치레 형식보다는 진정한 신앙의 모습을 아신다. 남편인 희자 아버지가 천국에 가지 못한다면 천국에 갈 수 있는 사람은 아무도 없을 것이라는 믿음. 이것은 인간에 대한 믿음이고 가장 간결하면서도 가장 본질적인 믿음이다. 이렇기 크신 천주님을 의심 없이 그대로 믿어 버리는 마음, 이것이 우리의 초기 신앙의 모습이면서 가장 본질적인 신앙의 모습일 것이다.

신앙의 유랑민

– 황순원의 「움직이는 성」

나의
오래된
연인

황순원은 단편소설 「소나기」로 잘 알려진 작가이다. 「움직이는 성」은 그의 장편소설로서 사상적으로 원숙기에 접어들었을 때 쓴 문제작이다.

새로운 종교가 들어올 때는 원래 있던 신앙과 갈등이 생긴다. 그러다가 시간이 지나면서 어떤 모습으로든 섞이거나 하면서 토착화되어 간다. 이 작품은 근대에 유입된 기독교 사상이 우리나라에 토착화되는 과정에서 민간신앙의 주술성과 어떻게 통합되는지 깊이 있게 파헤치고 있다.

작품의 제목이기도 한 '움직이는 성'은 한반도에 정착해 온 우리 민족이 근원적으로 유랑민 근성을 지닌 것으로 보고 이를 표현한 것이다. 성이란 원래 외적의 침입으로부터 주민을 보호하고 그 안에서 정신적 문화가 지속될 수 있게 하는 존재이다. 그런데 한곳에 정착하지 못하는 유랑민들이게는 고유의 성이 없다. 그래서 그들은 여기저기 떠돌아다니면서 몸에 밴 유랑민 근성이 그 성의 구실을 대신하게 된다는 것이다.

이 '움직이는 성'에 기독교는 어떤 모습으로 유입되는 것일까. 소설의 유장한 내용을 일일이 소개할 수는 없는데 대신 세 명의 등장인물의 모습을 보도록 하자. 이들의 운명이 곧 우리나라의 민간 신앙과 기독교 신앙이 통합되어 가는 다양한 모습을 보여주기 때문이다.

먼저 민속 연구가인 '민구'이다. 그는 한국 전래의 샤머니즘을 연구하면서도 학문보다는 현실적 세계에 속하는 인물이다. 그는 교회에도 나가고 무속 신앙에도 빠져들며 신의 세계와 인간의 삶을 대비적으로 파악한다. 그렇게 그는 현실의 요구대로 사상을 바꾸어 가는 유랑민의 모습을 보여준다.

다음은 '성호'이다. 그는 전도사를 거쳐 목사가 되었다가 교회에서 추방되는 인물로서 스승의 부인을 사랑한 기억을 원죄처럼 지닌 채 살고 있다. 교회에서 추방된 후에도 그는 기독교 전도 사업에 몰두한다. 특히 그는 한국 교회 속에 깊이 침투해 있는 샤머니즘의 벽을 깨달은 뒤 진정한 의미에서 한국 기독교의 토착화 문제를 생각하는 인물이다.

마지막으로 '준태'이다. 그는 매우 논리적이고 합리적인 인물로서 어리석은 샤머니즘에 공감할 수도 없고, 그렇다고 기독교가 지닌 광신주의에도 공감하지 못한다. 이런 비판 의식을 지닌 그는 결국 그 어디에도 정착하지 못한 채 유랑민처럼 살아 가다가 세상을 떠나고 만다.

기독교는 이렇게 우리 사회에 토착화되는 데서 다양한 모습을 보여주지만 결국은 갈등이 아니라 포용이다. 그 시대의 일반인이 기독교를 받아들이는 데 있어 그 가치관에서 무속과 큰 차이가 없었던 것이다.

> 봄, 가을 날잡아 굿하구, 음력 정초와 칠월 칠석엔 빼놓지 않구 치성을 드리구, 크흠, 그뿐인가요, 무슨 일이 있을 적마다 살풀이를 한다, 푸닥거리를 한다, 그야말로 무당집 문지방이 닳두룩 드나들었죠, 크흠. 굿을 한번 하자면 줄잡아두 지금 돈으루 몇 만원 풀어야 하구, 치성 한번 드리는 데두, 사오 천원 들여야 했답니다. 크흠. 그게 예수를 믿으면서부터는 술 담배까지 끊게 됐으니 더 절약될 밖에요, 크흠.

작가는 이 작품을 통해 1970년대 한국 사회가 안고 있던 샤머니즘 대 기독교 사이의 이율배반 속에서 앞으로 펼쳐나가야 할 삶의 자세 등을 보여주고자 하였다. 그래서 '움직이는 성'은 고집스레 견고하기만 한 성이 아니라 오히려 관용과 화해의 성이라고 할 수 있다.

오늘날 우리의 모습도 따지고 보면 이율배반적이다. 여전히 신앙은 '구복적' 모습이 많고 이는 저 뿌리 깊은 무속적 전통 속에 닿아 있다. 어쩔 수 없이 우리는 '신앙의 유랑민'으로서 우리 속에 내재된 이 '움직이는 성'을 따뜻한 눈으로 응시할 필요가 있을 것이다.

당신의 손길은 어디에?

– 정찬의 『종이 날개』

아파트 공터 버려진 의자에 한 여인이 앉아 있다. 생명이 모두 빠져나간 듯 움직임 하나 없이 그렇게 앉아 있고는 하였다.

정찬의 「종이 날개」는 창 너머 이 광경을 보게 된 '나'가 여인의 사연을 알게 되는 과정을 그리고 있다. 30대의 행복했던 이 여인은 교통사고로 남편과 어린아이를 잃었다. 아이를 안고 있었으면서도 지키지 못했다는 자책감으로 여인은 자신을 아무에게도 보이지 않는 무의미한 존재로 여기게 된다. 그러고는 스스로 폐쇄된 삶을 이어가고 있었던 것이다.

어느 날 한 여인이 그녀에게 다가와 말을 건넨다. 낯선 그녀가 내민 구원의 손길은 종말론이었다. 그녀의 말로는 한달 뒤 휴거가 일어나며 이후로 7년의 환난 끝에 예수의 천년왕국이 도래한다는 것이었다. 여인은 죄의 덩어리인 자신의 육신이 순식간에 다른 존재로 바뀌고 순백색 세마포에 싸여 빛처럼 빠르게 상승한다는 그녀의 말에서 희망을 느낀다.

> 그 순간 저는 오열의 기도를 할 수밖에 없었습니다. 이제 나는 그 끔찍한 곳에서 벗어나 순백색 세다 포에 싸여 상승하고, 나의 고통에 태연했던 세상은 마침내 그 고통을 당하는구나.

물론 종말론은 참된 믿음이 아니다. 홍보용 책자를 읽어 본 '나'의 말처럼 선택받은 이는 천국에 가고 그렇지 못한 자는 지옥으로 간다는 그들의 주장은 인간을 분리시킬 뿐이다. 십자가의 길을 걸어간 예수는 인간과 인간 사이에 가로놓인 골짜기에 다리를 놓지 않았던가. 그런데 종말론은 여인의 독백처럼 자신은 구원받고 상대방은 파멸하는 증오의 믿음인 것이다.

이 그릇되고 허무맹랑한 종말론에 왜 여인은 기댈 수밖에 없었을까. 그것은 세상이 그녀의 고통에 무관심했기 때문이다. 오직 종말론의 낯선 여인만 그녀에게 손을 내밀었고 지푸라기라도 잡는 심정으로 그녀는 그 손을 잡았던 것이다.

빛이 깡그리 사라져버린 세상 속에서 눈에 보이는 유일한 빛이 논리와 이성으로 납득되지 않는다 해서 그 빛을 외면할 이가 얼마나 될까요? 제가 겪었던 불행이 이성과 논리로 설명되어지나요?

약속한 날에 휴거는 일어나지 않았다. 전국에서 모여든 8천 신도는 다시 절망에 빠지고 만다. 그들 대부분은 세상으로부터 버림받은 사람들이다. 그 사람들에게 세상이 따뜻한 손을 내밀었다면 그들은 다시 세상을 사랑할 힘을 얻었을 것이다. 그렇기에 우리는 버림받고 소외된 이웃에게 관심을 기울여야 한다. 「종이 날개」는 이 단순한 사실을 말하는 작품이다.

사람들이 말하더군요. 기도는 끝났고, 불빛은 꺼져버렸다구요. 정말 꺼져버렸을까요? 불빛이 꺼졌다면 그 사람들은 어떻게 되지요? 운명에 상처받은 수많은 사람들, 잔혹한 상처에 할퀴고 할퀴어 두 발로 땅 위에 설 수 없는 사람들. 그 사람들은 어떻게 하지요? 누군가가 날개를 달아주어야 하지 않을까요. 종이로 만든 날개라도….

지식인인 '나'는 그녀의 아픔을 창 너머로 엿보기만 했지만 종말론의 한 여인은 종이로 만든 허약한 것이나마 그녀에게 구원의 날개를 달아 주었다. 우리 삶에서 무엇보다 필요한 것은 그런 사랑의 실천이다. 세상은 우리의 그 손길을 기다리는 사람들로 가득찬 곳이다.

뜨겁거나 혹은 따뜻한…

– 김원일의 「믿음의 충돌」

나의
오래된
연인

「믿음의 충돌」은 김원일의 중편소설이다. 「마당 깊은 집」으로 잘 알려진 작가이다. 경상도 출신 작가답게 이 작품의 곳곳에는 진해와 통영의 낯익은 지명들이 등장한다.

이 작품에는 세 가지 모습의 신앙이 등장한다. 먼저 주인공의 어머니가 보여주는 신앙이다. 어머니는 불이 난 교회에서 성상을 꺼내기 위해 불길 속에 뛰어들었다가 온몸에 화상을 입고 고통 속에 생을 마감한다. 어머니의 일생에서 다른 어떤 일보다 교회가 최우선이었다. 이 시대 어머니들의 삶이 대부분 그러했듯이 남편의 무능, 외도, 폭력, 시어머니와의 불화, 자녀들의 달썽 등 가정의 힘겨운 일들을 교회에 가서 다 털어내고 그로부터 심리적 안정을 찾는다. 가정 생활의 불만이 커질수록 어머니의 신앙은 더 '뜨거운' 모습이 되어가며 기독교를 믿지 않는 불신자나 미적지근한 신앙인들을 점점 경멸하고 무시한다.

두 번째는 주인공의 친구인 신주엽의 신앙이다. 신주엽은 유신독재 시기에 반정부 정치 사건에 연루되어 잠적한 후 신학 공부를 한 인물이다. 그러나 기독교 교단에서 이단으로 치부되어 목사직을 박탈당하고 '목사'가 아닌 '목자'의 이름으로 자신의 교단의 지도자 생활을 한다. 그런 그가 어느 날 자신이 기거하는 남해안 쑥섬으로 주인공을 부른다. 40일의 금식 기도를 끝내고 자신의 남성 성기를 절단하는 일종의 제례 예식에 초대한 것인데, 성경 문구에 대한 자신만의 해석에 사로잡힌 이 극단적인 행위 또한 '뜨거운' 신앙의 한 모습이다.

이 작품에 나타나는 세 번째 신앙의 모습은 주인공이 소설로 집필하고 있는 작품 속에 나타난다. 그러니까 소설 속에 소설이 있고 그 안에서 또 하나의 신앙이 제시되는 것이다. 이 작품의 실제 작가 김원일이 이야기하고 싶었던 것은 바로 이 세 번째 신앙의 모습이다.

젊어서 미망인이 된 여인_{소설 속 어머니}은 남편을 잃은 뒤, 남편의 빈자리에 주님을 영접하고 일평생 독실한 신자로 살아오다 늙어 죽음에 이른다. 어머니는 눈앞에 이른 죽음에 순복함으로써 영생과 부활을 확신하는 의연한 모습을 보여준다는 것이 소설 속의 내용이다.

"하느님의 독생자로 이 세상에 오셔서…… 우리의 죄를 모두 지시고 십자가에 못박혀 죽으신…… 주님!" 어머니의 입에서 기도가 시작되었다. 그 뒤 옛말은 내 귀에 들리지 않았다. … 스웨터의 좁은 등심이 가늘게 떨림을 보고 나는 어머니가 흐느끼고 있음을 알았다. 애타게 주님을 찾으며, 아니 주님에게 매달려 당신의 맺힌 원을 하소연하리라.

이 소설 속 소설에 나타난 어머니의 신앙은 앞의 두 신앙에 비하면 '차지도 덥지도 않은 미지근한' 모습이다. 하지만 자신의 신앙만이 옳고, 자신의 해석만이 맞다고 강변하는 '뜨거운' 신앙만이 진정한 신앙일까. 어쩌면 다양한 우리 삶을 편견없이 바라보는 신앙은 불처럼 뜨겁기보다는 미적지근하면서도 햇살처럼 따스한 것일지 모른다.

"너무 아픈 사랑은 사랑이 아니었다"는 노래 가사가 있다. 너무 뜨거운 신앙만이 참된 믿음은 아닐 것이다. 주님은 언제나 우리 속에 따뜻하게 계시니 말이다.

나의
오래된
연인

여름

우리들의 그림자

우리들의 그림자

— 김영하의 「그림자를 판 사나이」

나의
오래된
연인

김영하의 「그림자를 판 사나이」는 독일 작가 샤미소의 소설에서 모티프를 따온 같은 제목의 단편이다. 샤미소의 작품은 주인공 페터 슐레밀이 마법 주머니를 받고 회색 옷의 사내에게 자신의 그림자를 팔고 이후 힘든 일들을 겪어 가는 이야기다.

이 외로운 사나이의 이야기와 달리, 김영하의 소설은 말 그대로 그림자를 파는 동화 같은 이야기가 아니다. 그러나 인간 소외의 문제를 다룬다는 점에서 공통점을 갖고 있기도 하다. 이 작품에는 같은 성당을 다닌 오랜 친구였던 바오로 신부, 세실리아 미경, 그리고 '나 스테파노가 등장한다.

> 옛날에도 이런 순간들이 있었다. 미경은 찾아와 울고, 들어보면 바오로 얘기였다. 바오로가 찾아와 우는 때도 있었는데 들어보면 미경이 얘기였다. 그들은 털어놓아야 할 뭔가가 있었다. 나는 그들이 부러웠다. 나에겐 누군가의 영혼에 어둠을 드리울 그 무언가가 없었다.

여름

바오로와 미경은 연인 관계이다. '나'는 그들의 고민과 번뇌를 들어주는 역할을 하지만 정작 남들에게 위로받을 나의 '그림자'가 없다. 그래서 늘 누군가의 영혼에 어둠을 드리울 그 무언가가 없다는 점을 스스로 알고 나와 다른 두 사람을 부러워한다. 이런 '나'는 자라서 소설가가 되고, 바오로는 신부가 되었으며, 미경은 방송국 피디가 되었다. 그리고 '나'는 여전히 두 사람의 고민을 들어주는 중이다.

어느 날 미경이도 '나'를 만나자고 하고, 뒤이어 바오로 신부도 나를 만나자고 전화를 한다. 원고 마감을 핑계로 미경의 부탁을 거절했던 나는 결국 바오로 신부를 만나고, 그 자리에서 그의 고백을 듣는다. 오랜 연인이었던 미경을 우연히 술집에서 만나게 되었고, 그리고 그날 미경과 관계를 가졌다는 것이다.

> "나, 미경이하고 잤다." 커다란 새가 날개를 펼치고 내 머리 위를 지나갔다. 어느 정도 예상했으면서도 나는 힘이 쭉 빠졌다.

"왜 그랬어? 그러면 안되잖아."

"그럴 수 밖에 없었어. 미경이가 너무 불쌍해서, 그것 말고는 어떻게 해 줄 수 있는게 없어서, 그래서 그랬어."

바오로 신부는 자세한 사연을 말하지 않지만, 나는 결국 미경이를 만나 그 이야기를 듣는다. 그녀의 남편이 몸속의 자연 발화라는 기이한 사고로 죽었다는 것이며, 그 기이하고 비참한 죽음에 그녀가 큰 고통을 겪고 있다는 것을 알게 된다. 그것은 그녀의 그림자였다.

빛을 가로막으면 언제나 그 뒤에 나타나듯 그림자는 존재의 일부이다. 고통이라는 그림자는 누군가의 영혼에 드리워져 위로받는다. 미경을 위로하기 위한 바오로 신부의 일탈. 사제로서 순결 서약을 깨뜨리면서 '그러던 안 될' 일까지 함으로써 그는 한 영혼의 눈물을 닦아 주었다. 사제로서 그의 일탈적 행위를 종교적 관점에서 어떻게 볼지는 각자의 몫이겠지만 말이다.

평범한 일상, 이런저런 고민, 번뇌, 고통. 이 모든 것이 우리의 소중한 모습일지 모른다. 그러한 그림자가 없다면 오히려 빈방에서 혼자 우는 외로운 삶일 수 있다. 나의 그림자를 누군가의 영혼에 드리우고, 그렇게 함께 나누고 살아가는 삶의 모습에서 인간이라는 존재의 따뜻한 가치를 찾을 수 있지 않을까.

아버지이지만 아버지가 아닌 인간의 고뇌

– 김동리의 「목공 요셉」

김동리의 「목공 요셉」1957은 이 책에서 소개하는 「마리아의 회태」1955, 「부활」1962과 함께 김동리의 '부활 3부작'으로 불리는 작품이다. 원제는 「어느 날의 목공 요셉과 그의 가족들」이다. 작가가 성경 속 인물을 소재로 하여 소설가 특유의 상상력으로 그 일상의 이야기를 풀어낸 작품이다. 이 「목공 요셉」은 작가 자신이 이전의 「마리아의 회태」와 자매적인 작품이지만 그 역사적 기준은 별개로 했다고 밝히듯이 요셉의 고뇌가 보다 인간적으로 그려져 있다.

작품의 제목처럼 주인공은 예수의 아버지 요셉이다. 몇 년 전부터 그는 가슴앓이 병을 앓고 있다. 그것은 유월절 기간 중 예루살렘에서 사라진 아들 예수를 성전에서 찾은 일에서 비롯된 것이었다.

> 마리아가 예수를 보고, "네가 어째서 이러느냐? 우리가 너를 찾느라고 얼마나 놀라고 근심한 줄 아느냐?" 하고 나무라며 물었을 때, 예수는 조금도 놀라거나 미안하다는 기색도 없이, 지극히 태연한 얼

굴로, '왜 그렇게 찾으셨어요? 나가 아버지 집에 있을 줄을 몰랐습니까?"하고 대답했던 것이다. 그의 입에서 '아버지 집에'란 말이 나왔을 때, 요셉은 쇠망치로 머리를 얻어맞는 것 같이 정신이 횡했던 것이다. 동시에 가슴은 미어지는 듯 시리고 아파왔던 것이다. 그는 물론 예수가 누구를 가리켜서 '아버지'라고 하는지 그것을 알지는 못했다.

도대체 아들이 말하는 '아버지'는 누구인가. 자신은 생부가 아닌데 아들이 대놓고 부르는 그 '아버지'는 누구란 말인가. 아들 예수를 키우면서 요셉이 느꼈을 갈등과 번뇌는 예수의 입에서 '내 아버지'라는 말이 나오는 이 순간에 집중된다. 그로부터 요셉은 병을 얻었다.

이 요셉의 번뇌는 계속된다. 그는 애써 예수를 보통의 장남으로 여기고자 하고 그래서 아들의 혼인을 서두른다. 그러나 예수는 '이 세상 사람과 함께 살려고 오지 않았다'면서 혼인하기를 거절하고 이런 아들의 모습에 인간 요셉은 또다시 좌절한다. 요셉의 갈등은 아들 예수를 평범한 인간으로 여기고 싶은 마음과 예수는 그런 존재가 아님을 인정해야 한다는 사실 사이에 있었다.

어느 날, 예수는 율법학자인 바사바를 만나러 집을 나선다. 예수에게 이 날은 하느님의 일을 하기로 정해져 있는 날이었지만, 인간의 법에서만 살던 목공 요셉은 예수가 주문받은 문을 다 만들기를 원하는 날이었다.

> 예수는 그 투명하고도 냉연한 목소리로, "저는 아버지께서 시키는대로 떠나가야 하겠습니다." 하고 딱 잘라 말했다. 바로 그 순간이었다. 요셉의 두 눈에 불길이 번쩍 하는 것과 동시에 그의 손바닥은 어느덧 예수의 왼쪽 따귀를 철썩 소리가 나게 훌쳐 때리고 있었다.

신과 인간의 세계가 정면으로 부딪치는 순간이다. 알 수 없는 신의 세계 앞에서 겪는 인간의 고뇌와 갈등은 우리 모두의 평범한 모습이다.

그날 이후 요셉의 가슴앓이는 점점 더 심해져 두 해 뒤인 34살의 나이로 죽고 만다. 자신의 아들이었지만 결코 자신의 아들일 수 없었던 예수가 말하던 '아버지'를 끝내 이해하지 못했던 인간, 그래서 예수의 입에서 나오는 '아버지'라는 단어에 가장 가슴 아파 했던 사람, 목동 요셉은 어쩌던 우리의 자화상이요, 그 또한 우리가 연민으로 사랑해야 할 인간의 모습일 것이다. 소설은 마리아의 인간적인 감상으로 마무리된다.

> 마리아는 그 뒤, 예수의 신도들에게, 예수가 열두 살 때 '성전'을 가리켜 '아버지의 집'이라고 한 일이 있다고 말했다. 그러나 그가 집에 있을 때, 한 번이라도 요셉 이외의 그 누구를 가리켜 '아버지'라고 부른 일이 있다고는 말하지 않았다. 그것은 죽은 남편에 대하여 무언지 미안하며 박정한 일같이 생각되었기 때문이다.

영원한 청년의 맑은 마음

– 윤동주의 「십자가」

나의
오래된
연인

윤동주는 일제 강점기에 살다가 28살 젊은 나이에 생을 마친 시인이다. 조국을 잃은 암울한 시기, 식민지 청년의 마음을 위로하고 신념을 지탱해 준 것은 집안 대대로 이어진 기독교 신앙이었다. 「십자가」는 제목 그대로 그런 시인의 세계관을 보여주는 시이다.

쫓아오던 햇빛인데
지금 교회당 꼭대기
십자가에 걸리었습니다.

첨탑이 저렇게도 높은데
어떻게 올라갈 수 있을까요.

종소리도 들려오지 않는데
휘파람이나 불며 서성거리다가.

괴로웠던 사나이,
행복한 예수 그리스도에게처럼

십자가가 허락된다면

　　　　　　　모가지를 드리우고
　　　　　　　꽃처럼 피어나는 피를
　　　　　　　어두워 가는 하늘 밑에
　　　　　　　조용히 흘리겠습니다.

　　　　　　　　　　　　– 윤동주, '십자가'

　그러나 이 시를 종교적 신앙이라는 액자에만 가두어둘 수는 없다. 이 시에는 참된 삶이란 무엇인지 고뇌하는 불안한 젊은이의 모습이 비춰지고 있다. 다른 시 작품들에서, 그리고 그의 유고 시집의 제목 '하늘과 바람과 별과 시'에서 드러나듯이 그는 영혼의 순수함을 사랑하였다.
　「서시」에서 "하늘을 우러러 한 점 부끄럼 없기를" 소망하고 "잎새에 이는 바람에도 나는 괴로워했다"라며 자신에게 엄격하였던 시인, 그래서 이 젊은 시인의 세계는 한마디로 '맑음'이다. 티 하나 없이 가장 깨끗한 정신 세계를 추구하였던 것이 그의 삶이었지 않나 싶다.

시「십자가」에서 시인은 예수가 도달한 곳, '첨탑'의 높은 세계를 지향하면서도, 감히 오를까 싶어 '휘파람이나 불며' 서성거리는 나약한 자신의 모습을 본다. 그러나 세상의 온갖 더러운 죄악에 괴로워하면서, 그 구원을 위하여 십자가에 오롯이 자신을 바친 이가 예수이다. 그래서 예수는 '행복'하였고, 시인 역시 그러한 삶이 허락된다면 기꺼이 자신의 피를 바치고자 다짐한다. 그것은 희생의 행위이기에, 어지러운 세상, 어두운 하늘 아래 피어나는 그 피는 '꽃처럼' 아름답다.

우리는 얼마나 신앙의 근원에 가까이 가 있을까. 교리를 지키고, 기도하는 일상이 그 근원의 모습일까. 아이같이 '맑고', '가난한' 마음을 얼마나 지니고 있을까. 신앙의 형식에 앞서서 약한 것을 사랑하고, 아픈 것에 눈물지은 것이 예수의 삶이었음을 잊어서는 안 된다.

윤동주는 아이처럼 어리고, 영원히 젊다. 이 땅에는 욕심과 허영심 미움과 질시의 언어들이 널려 있고, 우리는 그것을 쫓아다니느라 헛되이 늙어 간다. 시인은 시「병원」

에서 "나의 늙은 의사는 젊은이의 병을 모른다."라고 하였으니, 참된 삶의 태도를 고뇌하고 성찰하는 젊은이의 마음을 잃지 말아야 한다.

여러 모로 복잡한 시기이다. 이러한 때일수록 하늘을 바라보고, 바람을 느끼고, 별을 사랑하는 여름이 되었으면 좋겠다.

고독한 영광

– 김동리의 「마리아의 회태」

김동리의 「마리아의 회태」는 1955년 『청춘별책』이라는 잡지에 실린 후 작가의 작품집 그 어디에도 수록되어 있지 않아 일반 독자들은 찾아 읽기가 힘든 작품이다.

어느 날 홀로 기도하던 마리아는 천사 가브리엘로부터 성신으로 잉태될 것이라는 고지를 받는다. 남자를 모르는데 어찌 아이를 가질 수 있을까. 그때 마리아의 심정은 어떠했을까.

> 그녀의 불안과 회의는 여호와의 '능치 못하심이 없음'을 믿지 않는데서 오는 것이 아니요 자기만이 유독 모든 여인들과 다르다는 즉 모든 자연적인 법측을 뛰어나 있다는 그 초자연적인 특수성 그 자체에서 빚어지는 고독이요 불안이요 회의가 아닐 수 없었다.

만인과 다른 혼자만의 수태법, 이에 대하여 마리아는 신에 대한 의심이 아니라 한 인간으로서 고독과 불안감을 느꼈던 것이다. 그래서 그녀는 예순이 넘어 잉태했다는 큰 이모 엘리사벳을 만나러 예루살렘으로 길을 떠난다. 엘리사벳의 회임이 여호와의 섭리임을 안다면 불안한 고독으로부터 벗어날 수 있으리라 생각했기 때문이다.

예루살렘에 당도한 그녀에게 엘리사벳은 어떻게 이 먼 길을 왔느냐고 놀라 묻는다. 그리고 '주님과 함께 왔다'는 마리아의 대답에 엘리사벳은 기쁨에 넘쳐 말한다.

"마리아여, 모든 여인 중에 네게 복이 있으며 네가 밴 아이에게도 복이 있으리로다…… 기쁘구나. 여기 우리 주의 모친이 내게 나아 왔으니 이 어찌 내가 감당할 영광이라 하리요." 하고 감격에 취하여 노래를 부르듯이 말하니 마리아는 엘리사벳의 손을 잡은채 하늘의 별을 쳐다보며 "내 영혼이 주를 찬양하며 내 마음이 여호와 내 구주를 심히 기뻐하는도다. 이 계집종의 낮고 천함을 돌아 보시니 앞으로 만세에 나를 복이 있다 일카르리로다." 하고 또한 기도를 올리는지 시를 읊는지 분간할 수도 없는 독백

여름

같은 말을 했다.

이제 마리아는 불안에서 벗어나 황홀한 마음으로 집으로 돌아온다. 그리고 주님의 뜻이 자신의 몸에 이루어졌음을 어머니 안나와 약혼자 요셉에게 말한다. 그러나 요셉은 이를 믿지 못하고 엄청난 충격 속에 사흘 동안이나 자리에 드러눕는다. 사랑하는 마리아가 정체 모를 누군가의 아이를 가졌다는 사실은 견딜 수 없는 고통이었던 것이다. 그래서 그게 누구인지 알아내려고 나사렛의 모든 남자들에 대하여 은밀히 조사하기까지 한다.

요셉은 이 기이한 일의 답을 찾으러 예루살렘의 엘리사벳 집으로 간다. 그리고 거기에서 엘리사벳의 출산을 주님의 은총으로 칭송하는 사람들, 주님의 뜻을 믿지 못한 죄로 임신 열 달 동안 벙어리로 지냈다는 남편 사가랴를 만난다. 그리고 나흘째 요셉 역시 가브리엘로부터 마리아의 잉태함이 성신으로 인한 것이며, 그 아들의 이름을 예수로 하라는 고지를 듣고 비로소 한없는 기쁨을 느낀다.

작가는 동정녀의 잉태가 믿을 수 있는 일인지를 묻는

게 아니다. 그대로 이 세상의 일로 받아들이면서 오직 특별한 임신에 더한 마리아의 고독을 말한다. 이모인 엘리사벳을 통해 마리아의 고독한 불안이 기쁨으로 바뀌듯이, 어쩌면 요셉의 근심이 기쁨으로 바뀌는 것도 무엇보다도 인간으로서 그의 진정한 사랑이 있었기 때문일 것이다. 소설의 마지막은 이렇게 끝난다.

  (아아 그리운 마리아……)
  요셉은 석 달 동안이나 그렇게 괴로워하면서도 한번도 미워할 수도 잊어질 수도 없던 마리아의 얼굴을 생각하며 또 다시 나사렛을 향하여 발을 옮겨 놓기 시작하였다.

주의 평화가 그대와 함께

– 한무숙의 「생인손」

나의
오래된
연인

한무숙은 인간 구원을 주제로 많은 작품을 쓴 작가인데 그 중심에는 가톨릭 신앙이 자리 잡고 있다. 「생인손」은 그 대표적 작품이다. 구한말에서 6·25 이후에까지 이르는 표마리아 할머니의 파란만장한 일생 이야기이다.

주인공 표마리아 할머니는 여든일곱의 나이에 성당에 다니겠노라그 영세를 받는데, 안 신부는 어려운 교리문답은 생략하고 "예수님 마리아"만 외는 것으로 영세를 준다. 할머니는 이후 10년 동안 착실한 신앙생활을 하는데 아흔일곱 나이의 어느 날 처음으로 고백성사를 하겠다고 청한다.

이 소설은 이 할머니의 고백성사가 거의 전체 내용이다. 그한말 시기 할머니 어투 그대로여서 읽기에 다소 어렵다. 그동안 조용한 성품이던 할머니는 갑자기 격렬한 흐느낌으로 지난 삶의 죄를 고백하기 시작한다. 그것은 길고도 험난했던 한 여인의 삶이었다.

여종인 어미에게서 태어난 '언년이'표마리아 할머니의 이름는 그 역시 주인집 아가씨의 몸종으로 살아간다. 아가씨가 시집가면서 그도 따라가는데 둘은 비슷한 시기에 딸을 낳는다. 언년이는 유모가 되어 제 자식 대신 아가씨 아기에게만 젖을 먹이는 신세가 되고 만다.

어느 날 병약한 아가씨도 요양차 친정으로 가고 어른들도 멀리 출타하여 집이 며칠 비게 되었다. 그는 천덕꾸러기처럼 골방에서 지내던 제 딸이 생인손을 앓고 있는 것을 발견하고 어미로서 감정이 복받쳐 손이 '나을 때까지'만이라고 생각하면서 아가씨 딸과 바꿔치기를 한다. 좋은 환경에서 제 딸을 입히고 먹이면서 하루하루가 지나가고 그만 제자리로 돌려놓을 기회를 놓치고 만다. 아기의 생인손은 나았지만 이후 손가락이 제대로 자라지 못하였다.

아가씨는 결국 병으로 죽고 아무도 아이가 바뀐 것을 모른 채 세월이 흐른다. 그러나 운명은 그의 뜻대로 되지 않아 상전 집안은 격변기 속에 풍비박산이 나고 이후 전쟁의 소용돌이에 다들 뿔뿔이 흩어진다. 전후에 거지처럼 떠돌던 할머니는 우연히 대학 교수가 된 '정간난'제 딸로 데려다 키운 상전의 딸을 만나 그 집에 들어가게 된다. 거기에서 손가락 하나가 짧은 식모를 만나게 된다. 모녀의 종살이 운명이 끈질기게 이어진 것이다.

할머니는 이 사실을 밝히지 않은 채 지금껏 살아 왔다. 그리고 그 모든 죄를 눈물로 쏟아낸 고해성사를 한 것이다.

> 할머니의 긴 이야기는 끝났다. … 그 긴 이야기는 분명 영혼의 부르짖음이었으나 죄의 고백이라기보다 한을 토해내는 지극히 토속적인 한숨 같은 느낌이 들었던 것이다. … 신부는 적당한 말을 찾지 못했다. 그는 감았던 눈을 떴다. 마리아 할머니는 앉은 채 졸고 있었다. … 주름진 얼굴은 무표정하고 평화로웠다. 한에서도 풀려나고 죄에서도 벗어난 얼굴이었다.

표마리아 할머니는 교리문답도 모르고 고해성사 한번 제대로 한 적도 없다. 그러나 가장 절실한 마음으로 죄를 고백하였고 구원을 청하였으며 스스로 구원을 받았다고 믿었다. 참된 신앙은 머리가 아니라 가슴에서 나오는 게 아닐까. 소설의 마지막은 이렇게 끝난다.

> 신부는 노파의 머리 위에 성호를 그었다.
> "주의 평화가 그대와 함께…"

지혜로서 기름 부은 자

– 이문열의 「사람의 아들」

나의
오래된
연인

종교란 무엇인가? 이문열의 「사람의 아들」은 이 문제를 다룬 대표적인 작품이다. 원래 중편이었다가 나중에 장편으로 여러 차례 개작하였을 만큼 작가가 고심했던 작품이기도 하다.

소설은 민요섭이라는 인물이 기도원 인근에서 살해당하는 것으로 시작된다. 형사가 이 사건을 추적하는 과정에서 민요섭이 추구한 신앙의 문제가 조금씩 드러난다. 이 소설은 현재의 민요섭 이야기와 그가 소설 형식으로 쓴 아하스 페르츠의 일대기라는 이중적인 구조로 이루어져 있다. 이 '소설 속 소설'이 실질적인 주제를 담고 있다.

아하스 페르츠는 예수와 같은 날 태어났다고 하는 전설 속의 인물이다. 반기독교적 인물로 전해 오는 그는 이 작품에서 중심적인 인물로 재탄생한다. 그를 통해 작가는 기독교의 본질에 대하여 원초적인 질문을 던진다. 왜 인간은 죄의 대가로 고통을 받아야 하는가? 왜 그래야만 구원을 받는가? 왜 신은 그토록 엄격한 선을 요구하는가? 이 질문에 대한 예수의 대답은 확고하다. "오직 아버지의 뜻"이라는 것이다.

예수가 '신의 아들'이라면, 아하스 페르츠는 가진 것 없는 '사람의 아들'이다. 그는 예수가 빵과 기적과 지상의 권세를 가져와 현실 속에서 사람들을 구원하기를 바라지만, 하느님의 뜻만 말하는 그에게 실망한다. 참된 신앙은 신의 말씀이 아니라 인간의 삶을 위하는 것이어야 하지 않는가. 하느님이 기뻐하기에 이웃을 사랑할 것이 아니라, 그럼으로써 네 이웃도 너를 사랑할 것이므로 이웃을 사랑해야 하고, 이웃을 힘들게 할 수 있기에 탐욕을 경계해야 하는 것이다.

너희는 지나치게 많이 가짐을 구하지 말라, 많이 가짐이 악이어서가 아니라, 그러함으로써 네 이웃이 가난해지는 게 악이기 때문이다.

부유한 집을 뛰쳐나와 민요섭을 따르는 인물 조동팔 나중에 교회로 돌아가고자 하는 민요섭을 살해하는 인물이다도 자신의 행동 동기를 이렇게 말한다. 선행을 과시하기 위해 돈을 내놓는 자들이 정작 가난한 공사판 인부가 죽어 가는 것은 모두 외면하더라고…….

 그 죽어 가는 자를 불쌍히 여기고 손을 내미는 것이 참된 신앙이다. 신의 말씀이 있어서가 아니라 진심으로 남을 위하는 마음에서 돕고 구할 수 있어야 한다. 그래서 아하스 페르츠는 인간은 이미 신으로부터 지혜를 받았으니, 신을 위해서가 아니라, 신의 간섭을 떠나 자신의 의지로써 선악을 판단하고 행동하라고 한다.

> 보다 높은 그 누구를 위해서가 아니라 너와 너의 동류를 위해 네 힘을 다 쏟고, 멀리 하늘에 있는 왕국이 아니라 너희가 발 딛고 선 대지를 위해 네 슬기를 다 펼쳐라.
> -「쿠아란타리아 서」

 문학적 관점에서 보면 아하스 페르츠는 또 다른 '예수'이기도 하다. 작가는 이 동일인이자 대립적 존재를 통해 참된 신앙의 의미를 묻는다. 어쩌면 '신의 아들'인 예수가 '사람의 아들'이 될 때 우리의 신앙도 좀 더 본질에 가까워질 수 있을지 모른다.

  아하스 페르츠는 '지혜로서 기름 부은 자'로 불린다. 우리는 어떤가. 복을 받기 위해 하느님을 믿고, 교리를 따르고, 선행을 베푸는가. 아니면 저 마음 깊은 데서 한없는 아픔과 정의가 느껴지고, 스스로의 '지혜'와 기쁜 마음에서 남을 향하여 손을 내미는가.

못의 시대, 부드러움으로 맞선다

— 이승우의 「못」

못은 뾰족하고 날카롭다. 그렇듯이 이승우의 소설 「못」은 고통받는 한 인간의 모습을 그려낸다. 주인공 '나'는 다니던 잡지사가 강제 폐간되어 실직한 상태이다. 걸핏하면 기도원에 가는 아내가 어느 날 예수 고난주일이라고 집을 떠나자 나도 바다를 보고 싶다는 이유로 월미도에 간다.

그곳에서 나는 이상한 광경을 목격한다. 밧줄에 묶인 허약한 남자를 '우락부락'한 남자가 끌고 가는 것이다. 그 허약한 남자 즉 '흐물흐물'하는 남자는 발작을 하고 그가 끌려가듯 사라진 길에는 한 무리의 군인들이 군가를 부르며 지나간다. 이 연극 같은 장면을 보면서 나는 두 그림이 무언가 연결되어 있다는 느낌을 받는다.

나는 숙박지인 여관에서 우연히 이 남자의 사연을 알게 된다. 그는 여관 주인인 홀어머니의 외아들로 장래가 촉망되던 젊은이였다. 그런 그가 대학가 시위에 연루되어 삼청교육대에 끌려가고 이후 집으로 돌아온 그는 이미 혼자 쿵쾅거리며 군가를 부르고 살려 달라고 발악하는 병자가 되어 있었다.

여관방에서 매춘부가 울면서 들려준 이 이야기를 듣고 나는 잠을 이루지 못한다. 그런 나에게 어디선가 못 박는 소리, 그리고 옆 교회에서 부르는 고통스러운 찬송가 소리가 들려온다. 나는 그 소리에 이끌려 교회를 찾아간다.

> 무엇이든 경직되고 굳어지면 폭력이 됩니다. 아무리 부드러운 것도 오래 두면 딱딱해집니다. 예수님 당시의 제사장들과 바리새인들의 경직된 율법주의는 곧 굳어진 종교의 뿔과 같은 것이었고, 그 굳어진 종교의 눈에 예수의 말랑말랑한 사랑은 위험하기 그지없는 것으로 보였을 것입니다. 부드러운 것은 사람을 해치지 않습니다. 딱딱한 것, 굳은 것이 사람을 해칩니다.

'딱딱한 것과 싸우기 위해 딱딱해지지 말자'는 그 교회 목사의 설교를 들으면서 나는 정말로 편안한 잠을 자게 된다. 같이 예배를 보던 신자들이 다 돌아갔을 무렵에야 잠에서 깬 나는 교회 옆 여관 앞에 모여 술렁이는 사람들을 보게 된다.

삼청교육대에 끌려갔다가 병자로 돌아온 그 청년이 목을 매어 자살했다는 것이다. 내가 밤에 들었던 못 박는 소리는 교회가 아니라 여관집 위층에서 난 소리였던 것이다. 청년의 가장 고통스러운 순간의 소리와 예수가 못 박히는 수난의 고통을 노래하는 찬송가 소리를 나는 동시에 들었던 것이다.

> 오늘날 못의 시대를 사는 종교는, 현실의 위험을 피해 대피해 온 방주가 아니라, 그 현실의 날에 깔려 쓰러진 여러 예수들이 부활을 기다리며 누워 있는 무덤 속이라고 새롭게 인식되지 않으면 안 됩니다. 부활만이 못의 뾰족함을 둔화시킬 겁니다.

생각과 말이 점점 뾰족해지는 못의 시대, 이 시대를 헤쳐나가야 할 신앙의 모습은 결국 똑같이 뾰족하고 날카로워지는 것은 아닐 것이다. 이 시대의 우리에게 정말 필요한 것은 못의 날카로움이 아니라 사랑의 부드러움이다. 청년의 고통스러운 시간을 예수가 함께하였듯이 절대 누군가를 해치지 않는 부드러움으로 서로의 고통을 어루만져 줄 수 있어야 한다.

인간의 최선, 신의 최선

– 이승우의 「허기와 탐식」

나의
오래된
연인

이 모든 게 신의 뜻입니까. 우리는 끝없이 묻는다. 나는 이렇게 열심히 사는데 왜 삶은 힘든가. 왜 이렇게 불공평한가. 정말 신은 있는가. 이승우의 「허기와 탐식」은 이 질문에 대한 답을 찾는 작품이다. 그의 연작 소설집 『사랑이 한 일』에 실려 있는 이 작품은 늙고 눈이 먼 이삭과 그의 맏아들 에서의 이야기이다.

눈이 어두워 잘 볼 수 없게 된 이삭이 어느 날 맏아들인 에서를 불러 말했다. "아들아, 네 아버지는 이제 늙었다. 언제 죽을지 모르겠구나. 그러니 너는 나를 위해 화살통과 활을 메고 들로 나가 사냥을 해서 내가 좋아하는 요리를 만들어 가져오너라. 내가 그것을 먹고 죽기 전에 너에게 마음껏 축복하겠다."

이삭의 장자인 에서는 동생인 야곱을 섬기도록 운명지워져 있었다. 그런데도 신의 뜻과 달리 왜 이삭은 에서를 축복해 주겠다고 했을까. 작가 이승우는 그 이유를 이삭이 가지고 있었던 '트라우마' 때문이라고 파악한다. 그렇게 믿고 따르던 아버지가 자신을 번제의 제물로 바치려고 한 경험은 이삭에게 두고두고 트라우마로 남았다.

그 충격으로 어린 이삭은 집으로 돌아가지 못하고 이복형 이스마엘을 찾아 광야로 간다. 거기에서 그는 이스마엘이 건네준 야생의 음식을 먹게 된다.

> 그 순간 이삭은 자신이 그날 먹은 형의 음식으로부터 아마도 평생 동안 놓여나지 못하리라는 걸 예감했다. 사는 내내 허기에 시달리며, 참지 못하며, 참지 못한 채 참으며 살게 되리라는 것을. 그리고 예감대로 되었다. 그는 탐식의 사람이 되었다.

그렇게 이삭은 늙을 때까지 에서가 사냥해 온 야생의 음식을 먹고 또 먹는다. 이렇게 끝없는 허기와 탐식에 시달리는 사람은 이삭만이 아니다. 맏이의 권리를 빼앗기고 광야에 버려진 이스마엘, 그의 어머니 하갈, 그리고 에서. 그들은 모두 이해할 수 없는 신의 뜻에 의해 불행에 빠진 이들이다.

신의 뜻을 '인정'하지만 '이해'는 할 수 없기에 그 괴로움으로 탐식에 빠진다. 그저 끝없는 허기에 맛도 모르고 탐식한다. 인간으로서 최선을 다했는데, 이 '최선을 넘어서는 최선, 법과 도리를 뛰어넘은 신의 섭리'는 도무지 이해할 수 없기에 괴로워하는 것이다.

그래서 이삭은 인간의 최선을 다하고자 하였다. 광야에 내쳐진 이복형 이스마엘과 달리, 제물이 되었던 그 자신과 달리, 에서만큼은 장자로서의 권리를 지켜 주고자 하였던 것이다. 그러나 신의 뜻 앞에서 이는 부질없는 것이어서 결국은 운명대로 야곱은 아버지를 속여 축복을 가로챈다.

이 바꿀 수 없는 신의 뜻 최선을 넘어서는 최선 앞에서 에서는 소리내어 울며 절망한다. 그런 그에게 이삭은 "너는 너의 아우를 섬길 것이다. 그러나 애써 힘을 기른다면, 너는 그가 네 목에 씌운 멍에를 부술 것이다."라고 말한다.

애써 힘을 기른다는 것은 스스로 의지를 가지고 신의 뜻을 '이해'하는 단계, 참신앙의 세계로 나아감을 의미한다. 그렇게 함으로써 인간은 힘들고 불공평한 삶에서 비롯되는 허기와 탐식에서 벗어나 신앙의 구원을 받게 된다. 이 소설의 마지막에서 묘사하는 에서의 삶은 이렇다.

그는 애써 힘을 기름으로써, 즉 자기에게 일어났고 일어날 것이라고 예고된 일들을 참음으로써 아우의 멍에에서 벗어났다.

나의
오래된
연인

도마야, 나는 아직 너를 도마라고 부른다

– 김훈의 「하얼빈」

여름

「하얼빈」은 김훈 작가의 가장 최근 작품이며, 문재인 대통령이 추천한 작품이라는 이유로 화제가 되기도 했던 작품이다. 금방 짐작되듯이 「하얼빈」은 이토 히로부미를 저격한 안중근의 이야기이다. 이 작품은 '위인' 안중근이 아니라 '인간' 안중근에 초점을 맞추어 먼 하얼빈으로 떠날 수밖에 없었던 서른한 살 청년의 갈등, 두려움, 신념을 다룬다.

안중근은 '도마'라는 이름으로 세례를 받은 뿌리깊은 가톨릭 집안의 장남이었다. 그가 믿고 의지하는 빌렘 신부는 안중근에게 세례를 준 인물이다. 그는 안중근의 내면에 귀를 기울이면서도 그 스스로 종교적 교리와의 관계에서 고민을 거듭한다.

안중근은 동양 평화를 위해 반드시 이토를 죽여야 한다고 생각했고, 자신에게 그러한 일을 행할 수 있게 해 준 하느님께 감사의 기도를 드렸다. 거사 후 헌병에 체포되었을 때 그가 가장 먼저 한 일도 성호를 긋는 것이었다. 부활절 전에 사형 집행이 이루어져 부활의 은총을 받을 수 있기를 간구하는 그는 여전히 신앙인이었다.

그러나 안중근은 '살인'을 저지른 죄인이기도 했다. 그가 행한 일은 '살인하지 말라'는 계명을 어긴 것이었기 때문이 가톨릭 교구에서는 안중근을 거부했다. 빌렘 신부는 그런 교구의 명령을 어기고 안중근을 찾아간다.

> 도마야, 나는 아직 너를 도마라고 부른다. 네가 그런 말을 나에게 하고 싶은 마음을 나는 안다. 그러나 그것이 네 마음의 전부는 아닐 것이다. 네가 너의 영혼을 나에게 의지하고 싶다면서 나를 불렀을 때의 너의 마음을 나는 또한 안다. 그러니 너는 너의 마음을 깊이 들여다 보아라. 우선 너의 마음에 기도해라.

교회 밖의 일은 은총의 손길에서 벗어나 있는 것일까. 안중근이 유복한 삶을 버리고 '죄'의 길로 들어선 것은 고통받는 수많은 인간의 삶을 사랑하고 아파했기 때문일 것이다. 그러면서 또 신앙인이기에 자신의 행위에 대한 고뇌도 없을 수 없었다. 신부는 그에게 마지막 고해성사를 준다.

안중근이 몸을 앞으로 굽히고 낮은 목소리로 말했다. 빌렘이 몸을 앞으로 굽히고 들었다. 안중근의 목소리는 점점 작아졌다. 사형수의 머리와 사제의 머리가 가까워졌다. 안중근의 목소리는 숨소리처럼 들렸다. 옥리들은 아무 소리도 듣지 못했다. 목소리가 끊기고, 침묵이 길게 이어졌다. 빌렘은 침묵 속에서 안중근에게 고해성사를 베풀었다.

안중근은 누구보다 평화롭게 '도마 안중근'으로 죽음을 맞이할 수 있었다. 그 스스로 신앙이 있었고 자신의 영혼을 위로해 주는 빌렘 신부가 있었기 때문이다. 한 치의 망설임도 없었던 행동, 행한 이후 단 한 번의 후회도 없었던 청년 안중근. 이 청년 안중근을 도마 안중근으로 죽을 수 있게 해 준 그 힘처럼 이 교회 밖의 신앙에도 따뜻한 눈길을 보내는 것이 바로 오늘날 교회가 해야 할 일일지 모른다.

*살인하지 말라는 계명을 어긴 죄인으로 남아 있던 도마 안중근의 명예 회복이 이루어진 것은 그의 죽음 이후 80년이 지난 후다. 2000년 한국천주교회는 안중근의 행위는 '국권 회복을 위한 전쟁 수행으로서 타당하다고 보아야 한다'는 공식적 입장을 밝히며 안중근을 받아들였다.

가을

사랑은 공평하다

낮은 데를 비추는 빛

– 이청준의 「낮은 데로 임하소서」

나의
오래된
연인

예수께서 길을 가시다가 태어나면서부터 소경인 사람을 고셨다. 제자들이 예수께 묻기를 "랍비, 누가 죄를 지어서 저 사람이 소경으로 태어나게 되었습니까? 저 사람입니까? 혹은 그의 부모입니까?" 하였다. 예수께서 대답하셨다. "저 사람이나 그의 부모가 죄를 지어서가 아니라 하느님의 일이 그에게서 드러나기 위한 것입니다."(요한복음 9:1-3)

이청준의 「낮은 데로 임하소서」는 안요한 목사의 일대기를 그린 장편소설이다. 소설이지만 이청준의 입을 빌려 말하는 안 독사의 신앙 고백이라고 할 수도 있다. 안요한 목사는 30대에 실명한 채 노숙자로 떠돌다가 목회자가 되어 시각장애인을 위한 새빛교회를 세운 사람이다.

작품 속에서 목사의 아들로 태어난 안요한은 아버지의 바람과 달리 신앙에 대한 의심을 품고 신앙인로서의 삶을 거부한다. 그러던 중 미국의 한 군사학교의 한국어 교관으로 선발되는 행운을 얻게 되는데, 장밋빛 미래를 준비하던 그에게 뜻밖에 포도막염이라는 안질이 찾아오고 결국 완전히 실명하고 만다. 아내마저 떠나고 난 '실낙원'의 세계에서 그는 자살까지 시도하는 등 절망에 빠진다.

그러던 어느 날 그는 서울역으로 흘러가게 된다. 그곳은 더 이상 갈 곳을 잃은 구두닦이, 껌팔이, 넝마주이 같은 이들이 머무는 곳이었다. 가장 낮은 그곳에서 그는 구두닦이 소년 진용이를 만난다. 그 애는 무허가 판잣집에서 중풍으로 누워 있는 할머니를 모시고 사는 아이였다. 어느 늦은 밤, 차마 길거리에 그를 두고 떠나지 못한 진용이가 발길을 돌려 다가온다.

> 이내 진용이 나의 두 손을 끌어 쥐면서 얼굴과 가슴을 무릎 위로 던져 왔다. 그리고는 내게 그 작은 등을 내맡긴 채 더럽고 남루한 나의 무릎을 눈물로 뜨겁게 적셔 오기 시작했다.

서울역을 오가는 수많은 행인들은 무심히 지나갔지만, 그 가엾은 아이는 기꺼이 손길을 내민 것이다. "그 안타까운 손잡음, 그 뜨거운 눈물, 그것보다 더 깊고 분명한 인간의 말이 있을 수 있던가."

진용의 손에 끌려 간 허름한 집에서 안요한은 깨닫는다. 자신이 누군가에게 짐이 되는 것을 부끄러워했던 것이 오히려 부끄러운 일이라고, 진정 부끄러운 것은 남의 짐을 나누어지려는 생각을 못했던 일이라는 것을. 가진 것 하나 없는 진용이는 오히려 나의 짐을 나누어지고자 하는데, 그 자신은 스스로 짐이 되는 것만 부끄러워했던 것이다.

진용의 방에는 교복과 모자가 몇 년째 걸려 있었다. 아이는 언젠가 학교에 가고 싶다는 간절한 소망을 흐느끼며 말하고, 그 순간 그 방은 하느님의 계시의 장소가 된다. 그에게는 누군가에게 나누어 줄 배움의 지식이 있지 않은가. 그것이 '요한복음'의 말씀처럼 그에게서 하느님의 일을 드러내는 소명인 것이다. 위를 바라볼 때는 보지 못했던 빛을 그는 가장 낮은 곳으로부터 발견하였다. 그는 진용의 손을 맞잡고 기도한다. "아직도 제게 나누어 줄 것을 남겨 주심을 감사합니다."

이미 영화로도 잘 알려져 있듯이 이후 안요한은 하느님에 대한 진정한 믿음을 고백하고 신학교에 가서 목사 안수까지 받게 된다. 그리고 육신이 아닌 영혼의 눈으로 보는 빛, 그 새빛을 시각장애인에게 전파하는 '새빛교회'를 시작하고, 고아나 거리의 아이들을 위한 야간학교도 개설한다. 그리고 지금까지 줄곧 성직자로서 희망의 복음을 전하고 있다.

어쩌면 우리는 눈이 있어도 보지 못하는 서울역의 수많은 행인 중 하나일지 모른다. 강도를 만나 죽어가는 한 사람을 제사장도, 레위인도 못본 체 지나갔지만, 한 사마리아인은 기름과 포도주를 상처에 붓고 돌보아 주었다. 진용이가 그렇고, 안요한이 노량진에서 만나는 또 다른 구두닦이 소년 방울이가 그렇고, 또 안요한 자신이 그렇듯이, 그들은 낮은 곳에서 하느님의 음성을 들은 착한 사마리아인이었다. 그래서 '낮은 데로 임하소서'는 하느님께 바치는 우리의 기도가 아니라, 우리에게 드리는 하느님의 기도라는 생각이 든다.

사랑이 만드는 세상

– 박완서의 「옳고도 아름다운 당신」과 법정 스님의 「설해목」

가을

인생의 마지막 순간까지 가장 중요한 것은 무엇일까. 이 답을 짧은 수필 두 편을 통해서 생각해 본다.

　　박완서는 일상의 삶의 모습을 많은 소설로 그려 낸 작가이다. 저명한 소설가인 그는 독실한 가톨릭 신앙인으로서 일상의 단상을 다수의 에세이로 남기기도 하였다. 「옳고도 아름다운 당신」은 그 가운데 하나이다.

　　어느 가을에서 봄에 이르기까지 작가는 깊은 산골짜기 오두막에서 시간을 보내게 되었다. 그곳에서 작가는 겨울이 지나 봄이 되도록 여전히 메마른 잎을 달고 있는 밤나무들을 보게 되었다. 그리고, 안개인지 이슬비인지 습기로 천지가 눅눅한 어느 봄날, 난데없는 눈보라가 휘몰아치고 밤나무들은 순식간에 잎을 떨군다.

　　이제 잎들의 운명은 나무에 속하지 않고 땅에 속하게 되었다. 작가의 말대로 봄바람에 어이없게도 한순간 떨어져내린 그 잎새들에게 움트는 새싹은 원수 같았을지도 모른다. 삶의 끝과 시작이 만나는 순간, 떠나는 자에게 새 생명은 결코 곱지만은 않을 것이다. 남편과 사별하고 다음해 정말 어처구니없이 아들의 죽음까지 경험한 작가에게도 '새 생명'의 모습이 경이롭지만은 않았으리라. 그러나 작가는 말한다.

> 그러나 다시 태어나고 싶으면 원수를 위해서 양분이 될 수밖에 없다는 섭리 앞에 인간이라고 해서 가랑잎보다 나을 것이 없다.

떨어진 가랑잎이 거름이 되어 새싹을 키우듯이, 인간도 새 세대의 삶을 위한 밑거름이 된다. 그리고 그 가장 소중한 양분은 미움이나 시샘이 아니라 '사랑'이다. 남을 사랑하는 마음이야말로 우리 삶을 아름답게 이어가게 만든다. 이 단순한 진리를 깨닫고 작가는 "하느님, 당신은 옳으실 뿐만 아니라 아름다우십니다."라고 말한다.

법정 스님의 「설해목」도 이와 다르지 않다.
깊은 산속, 모진 바람에도 끄떡없던 아름드리 소나무들이 겨울철이면 가지 끝에 사뿐사뿐 내려 쌓이는 하얀 눈에 꺾이고 만다. 정정한 나무들이 부드러운 것에 넘어지는, 온 산에 울리는 나무 꺾이는 메아리에 스님은 밤잠을 이루지 못한다. '자비'의 깊은 의미에 대한 생각 때문이다.

그의 스승인 노승에게 어느 해 저문 날, 지인의 망나니 아들 하나가 찾아온다. 불안해하는 아이에게 노승은 저녁을 지어 먹이고, 발을 씻으라고 대야에 더운 물을 떠다 주었다. 한바탕 훈계를 예상하던 아이는 노승의 말없는 시중에 주르륵 눈물을 흘린다. 이 일화를 인용하면서 법정 스님 역시 말한다.

> 길가는 나그네의 옷을 벗게 만든 것도 세찬 바람이 아니라, 따스하게 내리쬐던 바람이 아니었던가. 바닷가의 조약돌을 그토록 둥글고 예쁘게 만든 것도 무쇠로 된 정이 아니라, 부드럽게 쓰다듬는 물결인 것을….

눈의 부드러움이 억센 소나무 가지를 꺾고, 노승의 자비가 아이의 얼어붙은 마음을 녹이듯 이 세상에 정녕 필요한 것은 날카로운 칼날이 아니라 부드러운 손길이다. 그것이 얽힌 실타래를 풀고, 너와 나를 화해하게 만든다.

짧은 수필 두 편이지만, 우리는 알 것만 같다. 우리 삶에서 가장 중요한 것은 사랑이라는 것을, 그 따뜻함이 세상의 추위를 녹이고 조약돌처럼 아름다운 세상을 만든다는 것을.

사랑이 머무는 곳

– 김원일의 「마음의 감옥」

나의
오래된
연인

마음의 '감옥'이르-고 하니까- 벗어나야 할 마음의 고통을 떠올리기 쉽다. 마치 어둡고 깊은 병 같은 것이라고나 할까. 그러나 김원일의 작품에서 이야기하는 '마음의 감옥'은 오히려 머물러야 하는 곳이다. 굳이 덧붙이자면 '살아가면서 잊지 말고 마음속에 꼭 새겨야 할 기억'이다.

작품의 내용은 이렇다. 소규모 출판사를 경영하는 '나'는 소련 모스크바 국제 도서 박람회에 참가했다가 돌아와, 동생 '현구'가 경북대 의대 병원에 입원해 있다는 소식을 듣게 된다. 현구는 현재 1년 6개월 형을 확정받고 고등법원에 항소 계류 중에 있는 상태로, 입원은 그의 병세가 극도로 악화되었다는 사실을 의미한다.

현구는 대학생 시절부터 운동권 학생으로, 3학년 때 징집을 당해 최전방 특수부대에서 톡톡히 고생을 한 후 노동 운동에 투신했다. 그러다가 1976년 긴급조치 9호 위반으로 처음 감옥 생활을 시작했으며, 이후 두 차례 더 옥고를 치르고, 마지막으로 올 봄에 달동네 재개발 지역 철거 과정에서 철거반원을 구타한 일로 투옥된 것이다.

현구는 6·25 전쟁 당시 목사이신 아버지가 돌아가시던 해에 태어났다. 그래서 어머니는 유복자로 태어난 아들을 두고 '지 아버지와 함께 내 몸 속에 있다'고 버릇처럼 말씀하신다. 그리고 감옥이 아닌 바깥 세상에서도 어머니의 마음속에다 '현구가 들어앉을 감옥 한 칸을 마련해 두었다'고 이야기하곤 한다.

결국 현구는 병세가 악화되어 혼수 상태에 빠지고, 이때 대학생들과 공원工員으로 이루어진 젊은이들의 농성이 시작된다. 현구의 상태가 절망적이 되었을 때, 그의 아내인 동수 엄마는 현구를 비산동 달동네로 옮기겠다는 뜻을 나에게 내비친다. 이미 젊은이들과 밀약이 되어 있는 상태이며, 달동네에서 빈민장으로 장례를 치르겠다는 것이다.

농성이 더욱 격렬해지면서, 경찰들은 병원 안에까지 최루탄을 쏘아 댄다. 이때 네 명의 젊은이들이 나타나서 현구의 침대를 밀어 병원 뒤에 대어 둔 봉고차로 끌고 간다. 젊은이들과 함께 현구를 옮기면서 나의 머리에는 전류처럼 '이제 현구는 우리 모두의 마음에다 자신이 들어앉아 살아 숨쉴, 감옥 한 칸을 짓기 시작했다'는 깨달음이 스쳐간다.

형닙, 가난한 사람들이라고 다 선량하지만은 않습니다. 때로는 그들을 철부지 어린아이나 노망든 노인이나 정신병자로 생각해야 합니다. 경우에 없는 생떼를 쓰고, 걸핏하면 싸우고, 거짓말도 하고, 심지어 도둑질도 하지요. 살아가는데 너무 지쳐 마음마저 그렇게 삭막해져버린 겁니다. 그 어리광과 투정과 사나움을 탓하기에 앞서, 그의 괴로운 삶만큼 나도 그와 함께 아파하지 않으면 그들을 이해할 수가 없습니다. 어머니가 살인한 자식조차 조건 없이 사랑하듯, 그런 마음을 가지 않고는 하루도 그들을 벗으로 여겨 여기에서 배겨내지를 못하지요. 그러나 처음은 봉사한다는 정신에서 출발하여, 희생의 보람을 깨우치다가, 마지막으로 사랑의 실천뿐이라는 종된 자로서의 겸손으로, 자존심 따위는 잊어버려야 해요.

현구의 죽음이 나와 빈민가의 모든 사람들에게 순교로 비칠 수 있었던 것은 바로 빈민 운동가로서의 현구가 그들을 대하는 자세 때문이었다고 할 수 있다. '살인한 자식조차 조건 없이 사랑하는 어머니의 마음'이야말로 사랑의 실천이라는 '주님의 종'이 추구해야 할 궁극적인 지향점이라는 것이다.

힘없고 가난한 자들을 위하여 자신을 희생한 현구. 어쩌면 그것은 많은 이들에게 빚으로 남을 수 있을 것이다. 그러나 그가 각자의 마음속에 지은 감옥은 그런 단순한 채무 의식이 아니다. 누군가를 조건 없이 사랑해야 한다는 깨달음이다.

현구는 말한다, 가난하고 힘든 사람들을 이해하는 길은 봉사에서 시작하지만, 궁극적으로 자기의 모든 자존심까지 잊어버려야 하는 '사랑의 실천'에만 있다고. 우리는 인간으로서 이 고결한 정신을 지녀야 한다. 그러려면 이웃의 삶에 아파하는, 참다운 사랑의 마음으로 지어진 '감옥'이 각자의 마음속에 있어야 한다. 이 감옥이 결국 아픔인 것은, 우리 모두 서로의 아픔을 통해서만 진정한 삶의 의미를 알 수 있기 때문이다.

이 가을, 무엇을 할 것인가

– 김현승의 「가을의 기도」

늦가을이다. 집 앞 늙은 느티나무의 잎은 하루가 다르게 바닥에 수북이 쌓인다. 퇴장의 의미를 곱씹게 되는 이 시간, 문득 생각나는 시가 김현승의 「가을의 기도」이다. 시인이 1956년에 발표한 작품으로 여전히 많은 이들의 사랑을 받는 시이다.

가을에는
기도하게 하소서…….
낙엽들이 지는 때를 기다려 내게 주신
겸허한 모국어로 나를 채우소서.

가을에는
사랑하게 하소서…….
오직 한 사람을 택하게 하소서.
가장 아름다운 열매를 위하여 이 비옥한
시간을 가꾸게 하소서.

가을에는

호올로 있게 하소서……
나의 영혼,
굽이치는 바다와
백합의 골짜기를 지나,
마른 나뭇가지 위에 다다른 까마귀같이.

- 김현승, '가을의 기도'

 낙엽이 지는 시간을 안타까워하는 게 아니라 경건한 마음으로 축복하는 시이다. 푸른 잎의 빛나던 시절은 떠나가고 그제야 우리는 오롯이 신을 마주한다. 그래서 가을이 되면 겸허한 말로써 기도를 드리고, 신을 향한 참사랑을 노래한다.
 누구나 욕망 속에 살아간다. 그러다가 무성한 잎을 다 떨어뜨리고 나서야 비로소 자신을 돌아보게 된다. 우리의 영혼이 아름다울 수 있다면 그것은 모든 걸 버렸을 때일 것이다. 화려한 공작새가 아니라 가난한 까마귀의 모습이다. 그리고 그 곁에는 스스로 골짜기어 핀 백합이라 하신 절대

자가 함께하신다.

어느 시인은 이렇게 노래했다.

> 신이 인간에게 내린
> 가장 큰 축복은
> 누구나 자신의 삶에서
> 마지막이 있다는 것
>
> - 서정윤, '축복'

김현승 시인의 시에서도 죽음을 읽는 이가 있고, 신앙이나 순결한 사랑을 느끼는 이도 있을 것이다. 가을은 이 모든 것을 생각나게 하는 계절이고, 그래서 기쁨으로 기도하기에 부족하지 않은 시간이다.

이삭이 전하는 사랑 이야기

– 이승우의 「사랑이 한 일」

하느님은 아브라함에게 아들을 바치라고 요구하고, 아브라함은 그 요구에 순종한다. 왜 그랬을까? 이 끔찍한 성경 이야기는 무슨 의미일까?

이승우의 「사랑이 한 일」은 그 답을 찾는 작품이다. 이는 작가의 소설집 『사랑이 한 일』에 실린 5편의 연작 가운데 하나인데, 하느님이 아브라함에게 그의 '사랑하는 아들' 이삭을 제물로 바치라고 요구한 창세기 이야기를 소재로 삼고 있다.

> 이 소설집은 외아들 이삭을 제물로 바치는 아브라함에 대한 「창세기」의 일화를 이해하려는 마음에서 태어났다. 그 장면을 읽을 때마다 마음이 오그라들거나 찡그려졌다. 바칠 것을 요구하는 신도, 그 요구에 순종하는 아버지도 이해하기가 어려웠다. 나는 바칠 것을 요구하는 신이나 그 요구에 순종하는 아버지 대신 그 요구에 의해 제물로 바쳐지는 아들의 심정 속으로 들어가 이 이해할 수 없고 믿을 수 없는 이야기를 이해하고 믿으려고 했다. 그러니까

> 내 번역의 방법은 인간의 마음으로, 즉 소설을 통해 신의 마음, 즉 믿음의 문제에 접근하는 것이었다. '사랑'이 내게 발견된 열쇠였다.

작가의 이 설명처럼 「사랑이 한 일」은 이 성경 속의 이야기가 무슨 뜻인지 하느님도 아브라함도 아닌, 희생의 당사자인 '이삭'의 눈으로 답을 찾고자 한다. 하느님의 요구, 그 요구에 순종하는 아버지 아브라함…… 왜? 어떻게 그런 일이 일어날 수 있는가?

40년 동안 '인간과 신의 관계'에 대하여 집요한 탐구를 해온 작가는 작품 곳곳에서 "그것은 사랑 때문에 일어난 일이다."라는 문장을 지속적으로 반복하고 있다. 사랑 때문에 일어난 일 — 그렇다면 그것은 누구에 대한 사랑인가? 누구의 사랑인가? 그리고 그 사랑이 조금 덜했다면 이 일은 일어나지 않았을까? 작품은 집요하게 묻고, 그 물음에 대해 이삭 스스로가 답을 하는 형식이다.

> 사랑하지 않거나 충분히 사랑하지 않은 사람을

누가 시험하겠는가, 누가 굳이 자신 안의 간절함과 초조함을 들키고 싶겠는가. 먼저 사랑하는 자가 사랑을 시험한다. 사랑을 시험하는 자는 이미 사랑하고 있는 자이다. 시험하는 이인 신이 사랑을 고백하고 있다는 것은 그런 뜻이다.

이삭을 제물로 바치는 이 이야기가 아브라함의 순종을 시험하는 이야기가 아니라, 실은 하느님이 아브라함에게 지닌 사랑에 대한 스스로의 시험일 수도 있다는 것이다. 사랑 때문이라는 것, 이것은 '희생양'이 될 뻔했던 이삭의 입장에서 생각하는 논리이기 때문에 더 흥미롭다.

아브라함이 하느님께 제물로 바치기 위해 목숨보다 더 소중하게 생각하는 아들 이삭의 배를 가르려는 순간, 하느님의 다급한 음성은 바로 아브라함에 대한 하느님의 '사랑'으로만 설명이 가능하다는 것이다.

그런 점에서 아브라함의 하느님은 불가능한 과제를 제시하고 아브라함이 그 과제를 어떻게 푸는가를 무심하게 지켜보는 것이 아니라, 아브라함이 이삭을 사랑하는 만큼,

혹은 그보다 더 아브라함을 사랑하며, 그 아브라함이 자신에게 주어진 불가능한 과제를 제대로 헤쳐나가지 못할까 봐 더 걱정하는 하느님이다. 아브라함을 사랑하기에 스스로 그 사랑을 시험하는 것이다.

    사랑은 시험하는 것이 아니고 시험을 뛰어넘는 것도 아니고 시험 속으로 뛰어드는 것이다. 참으로 무서운 것이다.

누군가를 바라보기

– 공지영의 「열쇠」

나의
오래된
연인

공지영은 『수도원 기행』이라는 여행기를 펴낼 정도로 독실한 신앙인이기도 하다. 그의 작품집 『별들의 들판』은 베를린 생활을 바탕으로 쓴 연작집인데 그 가운데 「열쇠」라는 작품이 있다.

　사제의 소명은 무엇인가. 나아가 인간의 소명은 무엇인가. 이 작품에서 그 답을 찾아볼 수 있다. 주인공은 독일에서 태어나고 자란 이민 2세대인 미진과 한국에서 오스트리아로 신학 공부를 하러 온 신부 미카엘이다. 미진은 미카엘 신부를 사랑하고 있다. 그 두 사람이 나누는 이야기가 소설의 중심 스토리이다.

　화가 강문자의 집에 초대받은 사람들이 폭설로 오지 못하고 미진과 미카엘 신부만이 함께 기차를 타고 와 그의 집에서 하룻밤을 묵게 된다. 집주인 강문자는 남편의 거듭되는 외도로 인한 스트레스에 엉망으로 취해 잠이 들고 폭설에 갇혀 버린 별장에서 미진과 미카엘 신부 둘이서만 술을 마시게 된다.

　이미 미카엘 신부에게 연모의 감정을 고백했던 미진은 그에게 왜 신부가 되었는지 묻는다. 남녀의 사랑이 아닌 규

율에 얽매인 사제로서의 삶을 택한 데 대한 후회의 말을 기대하면서 말이다. 미카엘 신부는 자신이 존경하는 박 신부님의 책에서 느꼈던 감동을 이야기한다.

    신학교를 갔는데 그만두고 싶었다나? 그런데 차일피일하는 사이에 시간이 흘러가고 내가 그만두면 우리 어머니가 얼마나 실망하실까, 우리 본당 신부님은 얼마나 실망하실까. 내 친구는? 내 동료는? 내 은사는? 그래서 용기 없는 자기 자신을 질타하며 시간이 흘러 신부가 되었는데 어느 날 알게 되었다고 하시더라. 다른 사람과의 관계 때문에 끌려왔다고 생각했던 거. 자기가 눈치 보았다고 생각하는 거. 다른 게 아니라 실은 그게 사랑이고 그게 소명이라는 걸…… 나 그때 뒤통수를 얻어맞은 듯했지.

미카엘 신부에게 사제로서의 소명은 누군가의 눈치를 보는 것이며, 누군가를 실망시키지 않도록 애쓰는 것이었다. 다른 사람과의 관계를 소중히 여기는 것이 사랑이고,

그들을 아끼고 사랑하는 것이 사제의 소명이라는 것이다.

작품의 제목 '열쇠'는 그 관계를 상징한다. 독일의 문 잠금 장치는 일단 열쇠를 돌려 잠그면 안에서도 절대 그냥 열리지 않는다. 다시 열쇠를 꽂아야 열린다. 그래서 만일 문을 잠근 다음 열쇠를 창밖으로 내던진다면 누군가가 그 열쇠를 주워 부에서 열어 주기 전에는 나갈 수 없다.

나란히 붙어 있는 두 개의 방에 묵게 된 미진과 미카엘 신부가 각자의 방 열쇠를 바깥으로 던지는 것으로 작품이 마무리된다. 타인과의 관계를 신뢰하는 마음인 것이다.

술에 취해 잠들기 전, 강 화백은 신부에게 사랑해 본 적이 있느냐고 물었다. 그는 이렇게 답했다. 어린 시절 성당에서 초콜릿을 한 움큼 쥐었는데 문득 마음속으로 좋아하던 여자아이도 초콜릿을 집었을까 궁금하더라고, 그런데 그 아이가 빈손인 걸 보고 자신도 집었던 초콜릿을 모두 놓아 버렸다고. 그것이 사랑이었다고…….

다른 사람의 눈치를 보는 일, 내가 아니라 다른 사람을 돌아보는 일. 그것이 사랑이고, 그를 사제의 길로 이끈 소명이며, 우리 모두가 지녀야 할 덕목이다. 그럴 때 그 누군가도 나의 닫힌 문을 열어 주는 열쇠가 되지 않을까.

가을

사랑은 공평하다

– 이승우의 「마음의 부력」

나의
오래된
연인

이승우의 「마음의 부력」은 2021년 이상문학상을 받은 작품이다. 소설에는 죽은 큰아들, 어머니, 소설의 화자인 작은아들 내외가 등장한다. 주인공이자 동생인 성식은 말 그대로 모범생이다. 전공이 적성에 맞지 않아도 군말 없이 공부하고, 우수한 성적으로 졸업하고, 공무원이 되고, 결혼해 가정도 꾸린다. 반면 형 성준은 무엇이든 얽매이는 걸 싫어하고, 연극과 문학에 빠져 청춘을 보내다가, 변변한 직장도 얻지 못하고 가정도 이루지 못한 채 사고로 죽고 만다.

형이 죽은 후 어느 날 어머니는 불현듯 쓸 곳이 있으니 이제는 돈을 돌려달라고 한다. 돈을 빌린 일이 없기에 어머니가 왜 그러는지 성식 부부는 의아하기도 하고 걱정도 된다. 그러다가 다음날 전화를 통해 그 이유를 알게 된다. 어머니는 형 생전에 딱 한 번 싫은 소리를 했었다. 돈을 좀 달라는 형의 요청을 매몰차게 거절했던 것이고, 이 일이 평생 마음에 남아 있던 어머니는 맏이가 살아 있다는 혼몽함 속에 돈을 돌려달라고 했던 것이다.

딱 한 번, 지방 어느 소도시에서 연극을 하고 지내 때였는데, 카페를 하겠다고 도와달라고 했다. … 제풀에 기분이 언짢아져서 아마 좀 듣기 싫은 소리를 했던 것 같다. 나이가 몇인데, 언제까지 그러고 살래? 성식이 사는 거 좀 봐라……. 세상에! 내가 미쳤지. 왜 그런 소리를 했을까?

주인공 성식은 사랑이 언제나 공평한 건 아니라고 생각해 왔다. 누군가를 사랑한다는 것은 결국 사랑받지 못하는 또 다른 누군가를 만들기 때문이다. 그러면서 형처럼 사랑받지 못하는 사람도 힘들지만, 자기처럼 편애를 받는 사람도 그 부담감이 크다고 말한다. 어머니 리브가로부터 편애받았던 야곱 역시 형에 못지않게 공평하지 못한 사랑의 피해자였다고 하면서.

그런데 어머니의 심정을 알고 나서는, 그 사랑을 베푸는 사람이 짊어져야 했을 짐은 헤아리지 못했다는 걸 깨닫게 된다. 누군가를 사랑하는 것이 결코 또 다른 누군가를 사랑하지 않아서가 아니었던 것이다. 내가 생각했던 형의 소외감, 나의 부담감, 이 도두 어머니의 마음은 아니었던 것이다.

> 상실감과 슬픔은 회한과 죄책감에 의해 사라질 수 있지만, 회한과 죄책감은 상실감과 슬픔에도 불구하고 사라지지 않는다는 사실을, 오히려 그것들에 의해 더 또렷해진다는 사실을 이해하지 못했다. 나는 사랑의 대상인 야곱이 져야 했을 마음의 짐에 대해서는 제법 깊이 생각하면서 그 사랑의 주체인 리브가가 져야 했을 마음의 짐에 대해서는 깊이 헤아리지 못했다는 사실을 인정하지 않을 수 없었다.

어머니는 베란다의 화초들을 파랑이, 쭉쭉이, 하늘이처럼 제각기 이름을 지어 불렀다. 그 꽃의 색깔, 잎의 생김새에 맞게 이름을 부르고 공평하게 어루만져 주는 것이다.

우리 모두 하느님 앞에서 그런 존재가 아닐까. 에서가 소외되고, 야곱이 편애받고, 누군가는 성공하고, 누군가는 힘들게 산다고 해도, 하느님의 사랑의 계산법은 틀림없이 공평할 수 있어서 우리 인간은 똑같이 사랑받고, 똑같이 소중한 존재일 것이다. 그래서 나는 너고, 너는 나다.

소설의 마지막에 주인공 성식은 어머니의 전화를 어머니의 착각 그대로 형 성준인 듯이 받는다.

네, 성준이예요. 별일 없지요? … 그런데 어머니, 지난번에 내가 말한 거요. 조건이 괜찮은 카페가 싸게 나왔다는 거. 그거 이번 주에 계약을 하려고 하는데…….

저만치 혼자서 피는 삶

– 김훈의 「저만치 혼자서」

가을

성직자의 삶은 어떤 것일까. 항상 성령으로 충만한 기쁨의 연속일까, 아니면 평범한 인간의 고통이나 불안함도 있는 것일까. 김훈의 「저만치 혼자서」는 이 이야기를 한다.

무대는 호스피스 수녀원인 '도라지 수녀원'이다. 정식 명칭은 성녀 마가레트 수녀원이지만 그냥 그렇게 별칭으로 부른다. 도라지꽃은 흰색이든 보라색이든 테두리에 희미한 검은색을 지니고 있다. 다양한 빛깔에서 검은빛으로 흘러가듯이 말년의 수녀들은 이 수녀원에서 죽음으로 건너갈 준비를 한다.

손안나 수녀는 여든 살이 되어 들어왔는데 이미 정신이 혼미한 상태이다. 그녀는 종신서원 이후에 기지촌 여자들의 삶을 보살피는 일을 하여 왔다. 김루시아 수녀는 그녀의 룸메이트이다. 그녀 또한 젊어서부터 남해의 먼 섬에 격리된 나환자들을 돌보며 살아 왔다. 깔끔한 성격이지만 어느덧 늙고 병들어 대소변을 지리고는 한다.

성녀 마가레트 수녀는 은둔의 삶을 버리고 세상 속에서 부상병들과 나환자들, 전쟁 고아들을 돌보았었다. 그들이 죽을 때마다 끝까지 동행할 수 없는 아픔에 "주여, 우리를 불쌍히 여기소서."라고 간절히 기도하고는 했다.

두 수녀도 마가레트 수녀처럼 연약한 인간의 존재에 동정심을 가졌고, 세상의 불쌍한 이들을 돌보았으며, 평생 성령으로 충만한 삶을 살았다. 하지만 그들 역시 죽음의 시간 앞에서 불안해하는 한 인간이요, 그래서 잠을 제대로 이루지 못한다.

> 김투시아 수녀와 손안나 수녀는 둘 다 불면증이 깊었다. 몸이 살아서 병을 감당해내고 있었다. 병이라기보다는 시간이었다. 새벽까지 의식은 물러가지 않았고, 그 속으로 어둠이 번져서 잠과 깸은 구분되지 않았다. … 새들은 별이 가득한 하늘을 헤집고 끼룩끼룩 울었다. 수녀들은 잠들지 못하고 오리 울음소리를 들었다. 울음의 꼬리가 잦아들고 오리떼가 다시 잠든 후에도 수녀들은 옆 침대에 누운 사람이 잠들지 않았다는 걸 서로 알면서 뒤척거렸다.

충만한 성령과 인간으로서의 고뇌, 이것이 성직자들의 삶이 아닐까. 그 삶이 거룩한 것은 성령이 충만해서만이 아니라 한 인간으로서 외로움과 고통을 견디며 스스로 희생과 봉사의 길을 택하였기 때문이다. 자신의 병든 몸에서 일어나 오히려 타인을 향하기에 그 삶이 더없이 아름다운 것이다.

　저만치 혼자서 핀 성직자의 삶은 우리 곁에서 먼 듯 가깝다. 손안나 수녀가 수녀복 대신 평상복을 입고 환자를 간호하고, 혼미함 속에서 기지촌 여자들의 무덤과 수녀들의 무덤을 구별하지 못하듯이, 성직자의 삶은 신성한 저곳에 떨어져 있는 게 아니라 힘들고 지친 이곳과 뒤섞여 있다. 성령과 세상의 고통이 함께하는 삶이다.

　입춘 무렵이면 수녀원 주변의 늪지에서 가창오리떼가 먼 바이칼호수로 길을 떠난다. 미지의 세계로 떠나는 새들, 그리고 수녀들의 안녕을 빌어 본다.

　　　늙은 수녀들이 입춘의 양지쪽에 앉아서 돌아가
　　는 새들을 바라보았다. 올 때의 무리와 갈 때의 무

리가 같은 것인가 다른 것인가. 새들이 무리를 짓는 인연은 무엇인가. 새들도 친인척이 있고 벗이 있고 이웃이 있는지, 금년에 온 새들은 작년에 왔던 그 새들인지, 바이칼 호수는 얼마나 먼지를 늙은 수녀들은 서로에게 물어보았다. 새들이 하늘에 스며서 가물거릴 때 수녀들은 희미한 새떼를 향해 성호를 그었다.

우리 곁의 하느님

– 권정생의 「오두막 할머니」

나의
오래된
연인

아동문학가 권정생은 「몽실언니」, 「강아지똥」으로 잘 알려진 작가이다. 그의 많은 작품 중 「오두막 할머니」는 나지막한 목소리로 들려주는 짧지만 행복한 이야기이다. 그 이야기를 요약해 본다.

산밭 외딴집에 홀로 사는 할머니는 추수감사절을 하루 앞두고 교회 식구 수에 맞추어 경단떡 스물한 개를 빚는다. 그리고 그동안 아껴아껴 모아둔 헌금 8천 원을 봉투에 넣고는 잠자리에 든다.

막 잠이 들려는데 한 젊은이가 찾아와 배가 고프니 먹을것 좀 달라고 한다. 할머니는 얼른 떡 세 개를 주었다. 다시 자리에 누웠는데 한 늙은 길손이 또 찾아와 배도 고프고 여비도 떨어졌다고 한다. 할머니는 다시 떡 세 개와 헌금봉투 속 돈 5천 원을 꺼내 주었다.

그가 돌아가자 이번에는 한 어린아이가 찾아와서는 날이 어두워져서 길을 갈 수 없다고 말한다. 할머니는 아이에게 떡 다섯 개를 먹이고 따뜻한 이불을 덮어 재워 주었다.

다음날 아침 아이는 어느새 일어나 가 버렸고 할머니는 남은 떡 열 개와 헌금 3천 원을 들고 교회로 갔다. 교인들과 떡 반쪽씩 나눠 먹으며 즐거운 감사절을 보내고 돌아온 할머니는 그날 밤 꿈을 꾼다. 꿈속에서 할머니는 젊은이와 늙은 길손과 어린아이를 만난다. 그런데 어느 순간 세 사람은 한 사람이 되어 인자한 표정으로 할머니를 바라본다.

"할머니, 저를 자세히 보세요. 제가 누구인지 알아보시겠어요?"

그분은 예수님이었다. 아침에 일어난 할머니의 손에는 간밤 예수님의 따뜻한 손길이 남아 있었다.

오두막의 할머니는 가난하지만 불쌍한 이들을 위해 가진 것을 아낌없이 내주었다. 하느님께 드릴 귀한 떡인데도 이름도 모르는 낯선 이들에게 주었다. 그들에게 주는 것은 곧 예수님께 드리는 것이고, 그들을 귀히 여기는 것이 곧 예수님을 사랑하는 것이었기 때문이다.

예수님은 까마득한 저 하늘 꼭대기 어딘가에 계시는 게 아니라 내 주위 아주 가까운 곳에 계신다. 오가며 늘 마주치는 동네 사람, 어두운 골방에서 추위에 떠는 이, 몸이 아픈 어린이, 그 모두 우리의 이웃이다. 그들을 사랑하고 함께 나눌 수 있다면 우리의 오두막도 외롭지 않고 따뜻할 것이다. 그들이 바로 예수님이기 때문이다.

　권정생은 평생 교회 종지기로 살면서 어린이들을 위한 아름다운 글을 썼다. 검소하고 겸손한 그의 삶은 오두막 할머니처럼 늘 약하고 가난한 사람들을 향해 있었다. 어떤 이는 선생을 이 땅 '마지막 한 사람'이라고 불렀다. 선생이 죽음을 앞두고 정호경 신부님께 보낸 마지막 편지의 한 구절을 소개한다.

> 하느님께 기도해 주세요. 제발 이 세상, 너무도 아름다운 세상에 사람이 사람을 죽이는 일이 없게 해 달라고요. 제 예금통장 다 정리되면 나머지는 북측 굶주리는 아이들에게 보내 주세요. 제발 그만 싸우고, 그만 미워하고 따뜻하게 통일이 되어 함께 살

도록 해 주십시오. 중동, 아프리카, 그리고 티벳 아이들은 앞으로 어떻게 하지요. 기도 많이 해 주세요.

세상 곳곳의 아이들에게 향하는 권정생 작가의 사랑처럼, 우리가 사는 이 세상이 모두에게 따뜻하기를 바라는 마음이다.

가을

나의 오래된 연인
문학 속의 신앙 이야기

발행일 2024년 3월 5일
지은이 김은정
발행처 김리아
  불휘미디어
  경상남도 창원시 마산합포구 오동동10길 87
  (055) 244-2067
  2442067@hanmail.net

가격 17,000원
ISBN 979-11-92576-40-4 03810